Antje Vollmer
Heißer Frieden

Antje Vollmer

HEISSER FRIEDEN

Über Gewalt, Macht
und das Geheimnis der Zivilisation

Kiepenheuer & Witsch

1. Auflage 1995

© 1995 by Verlag Kiepenheuer & Witsch, Köln
Alle Rechte vorbehalten. Kein Teil des Werkes
darf in irgendeiner Form (durch Fotografie, Mikrofilm
oder ein anderes Verfahren) ohne schriftliche
Genehmigung des Verlages reproduziert oder unter
Verwendung elektronischer Systeme verarbeitet,
vervielfältigt oder verbreitet werden.
Umschlaggestaltung: Rudolf Linn, Köln
Gesetzt aus der Berthold Sabon
bei Kalle Giese Grafik, Overath
Druck und Bindearbeiten: Mohndruck, Gütersloh
ISBN 3-462-02417-5

Inhalt

Vorwort 9

I. Eine Kultur der Gewalt 13

Faszination der Gewalt – oder:
   Was suchen die Künstler unter den Soldaten? 15
Trauma Gewalt – oder:
   Wir kommen nie wieder nach Hause zurück 21
Der Kult ist der Meister der Furcht 28
Eine große Macht: die Religion 38
Zentralgewalt und Schutzgewalt:
   Der Ursprung des Staates 45
Die Blockkonfrontation von Staat und Kirche –
   oder: Dualismus heißt Stabilität 49
Wie kommt die Gewalt unter die Gerechten? 52
Gewalt in der Arena: blutige Spiele 58
Bürgerkrieg ist Bruderkrieg 66
Woher kommt eigentlich die Gewalt? 74

II. Macht und Gewalt 81

Säkularer Neuanfang: Das staatliche Gewaltmonopol 83
Zivilisation und Gewalt 89
Verfall der Akzeptanz des staatlichen Gewaltmonopols 98
Hannah Ahrendt: Macht und Gewalt 103
Wofür brauchen wir einen Sündenbock?
   René Girard und die Theorie der
   »versöhnenden Opfer« 109
Die Macht der Gewaltlosigkeit – Mahatma Gandhi 116
Entspannungspolitik – oder:
   Gibt es eine pazifistische Außenpolitik? 123
Dialog mit den Terroristen 132

III. Macht und Ohnmacht nach dem Ende des Kalten Krieges — 139

Zeit der Unordnung und allerlei schwarze Gedanken — 141

Völkerwanderungen und Fremdenhaß — 148

Ein Königreich für ein bißchen Moral –
oder: Auch diese Ressource ist endlich — 157

Flucht aus dem Frieden –
Die Zerstörung der bürgerlichen Kultur — 163

Die neuen Pogrome oder:
zur Psychoanalyse kollektiver Hysterien — 170

Die Intellektuellen und die Gewalt – oder:
das Ende eines Selbstexperiments und des Exils — 175

Die Medien – die neue Arena — 182

Sport, Musik, Kultur und Spiele – oder:
Die Stars sind die neuen Citoyens — 190

Eine dritte Epoche der Zivilisation – oder:
Wie dieser Film ausgeht — 195

Anmerkungen — 206

Literaturverzeichnis — 207

Vorwort

Dieses Buch ist ein Buch über die Gewalt – ein beunruhigender Stoff. Die Gewalt, die lange gebändigt schien, kommt in wüsten und archaischen Formen nach Europa zurück. Alle konstatieren dieses Anschwellen der Chaosströme und der Bocksgesänge (Tragödien) und erfahren gleichzeitig, wie ohnmächtig die Kulturen der Moderne sind, damit adäquat umzugehen. Und weil das so beunruhigend ist, geht diese Untersuchung weite Wege in Gebiete und Fragestellungen, die wenig populär sind. Eine herzliche Bitte an den Leser, die Leserin: Geben Sie nicht so schnell auf, folgen Sie dieser Entdeckungsreise ins Unheimliche und Unvertraute eine Weile, auch wenn sie mit Adam und Eva und der Vertreibung aus dem gewaltfreien Paradies beginnt! Es ist keine Willkür – man braucht einen langen Atem beim Blick in die Gewaltgeschichte und manchmal auch Mut.
Eine Voraussetzung hat dieses Buch: Es geht davon aus, daß die Diskussion über die Gewalt falsch läuft, wenn sie vor allem nach den Wurzeln, den Schuldigen oder nach den angeblich fehlenden Normen und Werten fragt. Diese Untersuchung hält sich – entgegen der sonstigen Übung – nicht lange bei der Ursachenforschung auf. Sie setzt als gegeben voraus, wovon die Mythen erzählen: daß die Gewalt in der Welt ist, seit die Menschengeschichte begann. Der Verdacht hat sich erhärtet, daß die Frage nach den Gründen beim Thema Gewalt immer in der Gefahr ist, legitimierenden Charakter zu haben. Methodisch folgt dies Buch dem selbstgegebenen Rat, nicht zu viel kostbare Zeit mit der soziologischen oder sozialtherapeutischen Ursachenforschung zu verlieren, dafür aber um so intensiver nach den Menschheitserfahrungen und -traditionen zu fragen, die es früheren Epochen ermöglichten, die innergesellschaftliche Gewalt zu bändigen. So wird Kulturgeschichte zur Geschichte der menschlichen Zivilisation. Die aber hat eine zentrale

Frage, die gleichzeitig eine höchst aktuelle Frage ist: Was bindet die Gewalt? Was verbannt sie aus den sozialen Gemeinschaften? Woher kommt die Überlebensfähigkeit bei soviel innerer Destruktivität?

Große Teile dieser Arbeit lassen sich lesen wie ein Handbuch über Grundbegriffe der Politik: Religion und Gewalt, Staat und Gewalt, Revolutionäre und Gewalt, Medien und Gewalt, bürgerliche Kultur und Gewalt, Opferkulte und Pogrome, Fremdenhaß und Gastfreundschaft, Freiheit und Gleichheit, staatliches Gewaltmonopol, Brot und Spiele, Krieg und Bürgerkrieg, Polizei und Armee – sie alle tauchen in diesem Buch auf. Trotzdem habe ich versucht, daraus eine fortlaufende Geschichte zu schreiben: die Geschichte eines immerwährenden Versuches, der Gewalt im Inneren der Gesellschaften Herr zu werden. Das ist eine Bemühung oft am Rande der Vergeblichkeit.

Bei diesem anderen Blick auf die dunkle Seite der Menschheitsgeschichte haben sich mir manchmal die bekannten Begriffe verwirrt, und frühere Urteile kamen ins Trudeln: Opferkulte, Mythen und Riten waren nicht nur Instrumente der Versklavung der Menschenseelen durch Magie, sondern oft auch Regelsysteme von großer Weisheit und Menschenkenntnis; Martin Luther hatte im Bauernkrieg vielleicht doch mehr Recht als Thomas Müntzer; die absolutistischen Fürsten waren nicht nur Despoten, sondern große Modernisierer und vielleicht überhaupt die Retter dieses Kontinents nach einer dramatischen Periode der Selbstzerstörung und des dreißigjährigen Bürgerkrieges; König Fußball ist klüger als vermutet, auch das Bürgertum kommt besser weg als gedacht, und die Größen der Rockmusik gehören zur sehnsüchtig erwarteten Avantgarde der neuen Citoyens, die insgesamt zu lange auf sich warten läßt.

Eine verrückte Hoffnung hat mich beim Schreiben begleitet: Als müsse man nur – analog der Methode Sigmund Freuds bei der Entschlüsselung der Hysterie – genau genug hinsehen und präzise ge-

nug beschreiben, was jeweils bei den Prozessen der Gewalt geschieht, um damit den entscheidenden Schlüssel zur Bändigung der Pogrome und zur Unterbrechung der Gewaltprozesse zu finden. Als könne das bereits ein Teil der Heilung sein, zu wissen, aus welchen Stoffen und Energien sich die Gewalt speist, welche Inszenierungen sie sucht, welche Einstiegsdrogen sie vorfindet, welche Adressaten sie zu Opfern und Sündenböcken bestimmt, wen sie zu Tätern und Mittätern prädestiniert. Indem dies Buch den Schleier zerreißt, der manche Traumata im öffentlichen Bereich verhüllt, setzt es auf seine Weise auf Aufklärung, Vernunft, Zivilcourage.
Es gibt keine Lösung außer dieser Entschlossenheit, einen Blick hinter den Vorhang zu werfen und mit in den Kreis zu treten, der sich immer von neuem um die potentiellen Opfer von morgen zu bilden droht.

Bielefeld, 10. Januar 1995 *Antje Vollmer*

Teil I

Eine Kultur der Gewalt

Kein Denksystem kann jenes Denken denken,
das es zu zerstören fähig ist.
(René Girard)

Danach: nur noch das Reißen von Strängen, gegebenen
Händen, Nerven, Kontrakten, Netzen und Träumen.
(Botho Strauß)

Faszination der Gewalt – oder: Was suchen die Künstler unter den Soldaten?

Vögel: fliegende Tiere
ikarische Züge
mit zerfetztem Gefieder
gebrochenen Schwingen
überhaupt augenlos
ein blutiges und panisches
Geflatter
nach Maßnahme der Ornithologen
unterwegs nach Utopia
wo keiner lebend hingelangt
wo nur Sehnsucht
überwintert.

Günter Kunert

Wer die Faszination der Gewalt nicht kennt, kennt die Gewalt nicht.
Gewalt macht heimatlos. Gewalt ist der Anfang der Vertreibung aus jedem Paradies. Gewaltphantasie ist aber auch eine Inspiration eigener Art. Sie verwandelt die Menschen, bis sie sich selbst unheimlich werden. Durch Gewalt werden vertraute Umgebungen zu Lavaströmen umgeschmolzen, glühend, fremdartig und bedrohlich. Beim Thema Gewalt werden Intellektuelle zu Dichtern.
»Vorbei ist der Rausch. Vorbei der patriotische Lärm in den Straßen, die Jagd der Goldautomobile, die einander jagenden falschen Telegramme, die mit Cholerabazillen vergifteten Brunnen, die auf jeder Eisenbahnbrücke Berlins bombenwerfenden russischen Studenten,

die über Nürnberg fliegenden Franzosen, die Straßenexzesse des spionenwitternden Publikums, das wogende Menschengedränge in den Konditoreien, wo ohrenbetäubende Musik und patriotische Gesänge die höchsten Wellen schlugen; ganze Stadtbevölkerungen in Pöbel verwandelt, bereit zu denunzieren, Frauen zu mißhandeln, Hurra zu schreien und sich selbst durch wilde Gerüchte ins Delirium zu steigern; eine Ritualmordatmosphäre, eine Kischineff-Luft, in der der Schutzmann an der Straßenecke der einzige Repräsentant der Menschenwürde war.«[1]
So wie hier Rosa Luxemburg, fassungslos, die gewaltberauschten Massen in den ersten Kriegstagen des Jahres 1914 beschreibt, so diagnostiziert, achtzig Jahre später, Hans Magnus Enzensberger kühl die ersten Anzeichen des kommenden, des molekularen Bürgerkriegs. Er »beginnt unmerklich, ohne allgemeine Mobilmachung. Allmählich mehrt sich der Müll am Straßenrand. Im Park häufen sich Spritzen und zerbrochene Bierflaschen. An den Wänden tauchen überall monotone Graffiti auf, deren einzige Botschaft der Autismus ist: sie beschwören ein Ich, das nicht mehr vorhanden ist. Im Schulzimmer werden die Möbel zertrümmert, in den Vorgärten stinkt es nach Scheiße und Urin. Es handelt sich um winzige, stumme Kriegserklärungen, die der erfahrene Städtebewohner zu deuten weiß. Bald macht sich die Sehnsucht nach dem Ghetto mit deutlicheren Signalen Luft. Reifen werden zerstochen, Nottelefone mit der Drahtschere unbrauchbar gemacht, Autos angezündet. In spontanen Handlungen drückt sich die Wut auf das Unbeschädigte aus, der Haß auf alles, was funktioniert, der mit dem Selbsthaß ein unauflösliches Amalgam bildet. Die Jugendlichen sind die Vorhut des Bürgerkriegs ... Doch ist alles, was sie exekutieren, latent auch bei ihren Eltern vorhanden: eine Zerstörungswut, die nur notdürftig in gesellschaftlich geduldeten Formen kanalisiert wird, als Autowahn, Arbeits- und Freßsucht, Alkoholismus, Habgier, Prozeßwut, Rassismus, Familiengewalt.«[2]

Dreißig Jahre vorher hatte Jean-Paul Sartre, selbst der Faszination der Gewalt verfallen, einen Propheten der Gewalt, Frantz Fanon, geradezu gefeiert. In seiner Einleitung zu »Die Verdammten dieser Erde« rühmt er den Ausbruch der kollektiven Gewalt in der dritten Welt als Geburtsstunde des neuen Menschen, als Sieg über die Finsternis. »Es wird ihnen gut tun, Fanon zu lesen. Diese ununterdrückbare Gewalt ist, wie er genau nachweist, kein absurdes Unwetter, auch nicht das Wiederdurchbrechen wilder Instinkte, ja nicht einmal die Wirkung eines Ressentiments: sie ist nichts weiter als der sich neu schaffende Mensch. Diese Wahrheit haben wir, glaube ich, gewußt und wieder vergessen: keine Sanftmut kann die Auswirkungen der Gewalt auslöschen, nur die Gewalt kann sie tilgen. Und der Kolonisierte heilt sich von der kolonialen Neurose, indem er den Kolonialherrn mit Waffengewalt davonjagt. Wenn seine Wut ausbricht, findet er sein verlorenes Selbstverständnis wieder, und er erkennt sich genau in dem Maße, wie er sich schafft. Von weitem halten wir seinen Krieg für den Triumph der Barbarei. Aber er bewirkt durch sich selbst die fortschreitende Emanzipation des Kämpfers und vernichtet in ihm und außerhalb seiner Schritt für Schritt die koloniale Finsternis. Sobald dieser Krieg ausbricht, ist er erbarmungslos. Man bleibt entweder terrorisiert oder wird selbst terroristisch. Das heißt: sich entweder den Auflösungsprozessen eines verfälschten Lebens überlassen oder die ursprüngliche Einheit erringen. Wenn die Bauern zu den Waffen greifen, verbleichen die alten Mythen, die Tabus werden eins nach dem andern umgestülpt: die Waffe des Kämpfers ist seine Menschlichkeit.«[3]
Die Lobgesänge auf Gewalt und Chaos gehören zu den ältesten Liedern der Menschheit. Das Alte Testament beschreibt Sodom und Gomorrha als einen Ort der Zerstörung und der einstürzenden Mauern und zugleich als Ort chaotischer Turbulenzen der Sinne. Die Psalmen dröhnen geradezu von Triumphfanfaren über Feinde und gegnerische Heere, und selbst im Lobgesang der Maria, der sanften Mutter Jesu, hört man die Faszination und den Jubel über

die Umwertung aller Werte: ER stößet die Gewaltigen vom Thron und erhebt die Niedrigen!

Der Krieg ist der Vater aller Dinge, sagte Heraklit den Griechen. Für Mao Tse-tung ist das Chaos die große schöpferische Unordnung unter dem Himmel. Gewalt ist nichts als Lebendigsein, sagte Sorel. Norbert Elias kennt den Stoff, aus dem der »Prozeß der Zivilisation«[4] sich bildet, die große, gesellschaftlich erlaubte Freude des frühen Mittelalters am kriegerischen Quälen und Töten anderer: »Inmitten dieses fortwährenden Auf und Ab, dieses Wechsels zwischen Menschenjagden, nämlich Kriegszeiten, und Tierjagden oder Turnieren, den Vergnügungen der ›Friedenszeit‹, war wenig vorausberechenbar, die Zukunft fast immer, selbst für die aus der ›Welt‹ Entflohenen, relativ ungewiß, Gott und die Treue von ein paar Menschen, die zusammenhielten, das einzig feste. Überall war Furcht; der Augenblick galt dreifach. Und unvermittelt also, wie die wirklichen Schicksale, schlug Lust in Angst um, und die Angst löste sich ebenso unvermittelt mit der Hingabe an die neue Lust.«

Das Leben pulsiert heftiger in den Kriegs- und Kampfzeiten. Bei Ernst Jünger, bei Céline, auch bei Jean Genet wird Gewalt zum Synonym für Intensität des Daseins, Kraft, Kreativität, Schicksal. Gerade in Europa gibt es zu allen Zeiten und in allen Ländern Intellektuelle und Philosophen, die dem Gewaltrausch und der Anarchie huldigen. Etwas Atemloses haben alle diese Texte über die Gewalt und das Chaos. Etwas Gehetztes, einen Rhythmus, der auf einen Abgrund zustürzt.

Gewaltgeschichte und Kolonisationsgeschichte gehen in Europa Hand in Hand. Die Geschichtsschreiber und Chronisten sind die ersten, die es wagen, mit kaltem Blick das anwachsende Unheil so zu beschreiben, als handele es sich um eine Naturkatastrophe, einem Erdbeben vergleichbar oder der Ausbreitung der Pest. Im Jahre 1697 schreibt der portugiesische Mönch F. de Santa Maria[5]: »Sobald in einem Königreich oder einer Republik dieses heftige, alles verzehrende Feuer ausbricht, weiß der Magistrat nicht mehr, was er tun soll, die Bevölkerung ist verschreckt, und die Regierungen sind aufgelöst. Die Gesetze werden gebrochen, niemand geht mehr zur Arbeit, der Zusammenhalt innerhalb der Familien bricht auseinander, und die Straßen sind verlassen. Es herrscht ein furchtbares Durcheinander. Alles bricht zusammen, denn nichts hält der Last einer so furchtbaren Geißel stand. Die Menschen verfallen ohne Unterschied des Standes oder Vermögens in tödliche Trostlosigkeit... Jene, die gestern Totengräber waren, werden heute selbst begraben... Man versagt sich jegliches Mitleid Freunden gegenüber, da es gefährlich ist, Mitleid zu haben... Alle Gebote der Nächstenliebe und der Natur sind inmitten des Grauens untergegangen und vergessen, Kinder sind plötzlich von ihren Eltern getrennt, Frauen von ihren Männern, Brüder und Freunde verlieren sich aus den Augen... Die Männer verlieren all ihren Mut und irren wie verzweifelte Blinde umher, die bei jedem Schritt über ihre Angst und ihre Widersprüchlichkeit stolpern.«

Es sind nicht nur die Chronisten, die in den Schreckensbildern schwelgen, die Maler und Bildhauer treten an ihre Seite. Der Inbegriff der Historienmalerei ist die Darstellung von Krieg und Schlachtgetümmel. Der unvergleichliche Hieronymus Bosch hat über die Gewalt und die Aufhebung aller sittlichen Ordnungen seine schönsten und wildesten Bilder gemalt. Im Zentrum der Sixtinischen Kapelle verewigte Michelangelo die nackten Gewaltphantasien des Jüngsten Gerichts.

Legion ist das Heer der Dichter und Romanciers, die Kriegsberichterstatter waren: Leo Tolstoi, Ernest Hemingway, Theodor Fontane, Georg Trakl, Robert Musil. Was suchten die Künstler unter den Soldaten? Was zog sie so an? Die Gewalt? Die Todesnähe? Das Chaos? Oder die Suche nach dem Urschlamm, nach dem Anfang aller Kreativität? War es nicht Gott selbst, der aus dem Chaos, dem Tohuwabohu, die ganze wunderbare Erde geschaffen hatte?

Alle Großreiche der Erde sind aus Gewalt geboren, darin unterscheidet sich die Geschichte Chinas nicht von der der Inkas und Azteken oder von den Gründungsmythen Ägyptens und Babylons. Aber die Leichtfertigkeit im Umgang mit der Gewalt, das Spiel mit dem Feuer, gehört zu den exklusiven Traditionen Europas. Davon erzählt die politische Geschichte der europäischen Reichsidee, davon erzählt aber auch die Kultur in tausend Zeugnissen. Die Göttermythen, die Heldensagen, die Triumphbögen und Kathedralen, die großen Musikdramen, die Tragödien, die Bildtafeln und Romane, sie alle binden Kreativität und Fortschritt der Menschengeschichte immerfort an Kämpfe und dramatische, gewalthaltige Ereignisse. Zwar gibt es neben dieser latenten und offenen Gewaltbereitschaft auch andere, vorsichtigere Traditionen der europäischen Zivilisation. Doch hat kein anderer Kontinent das Experiment mit den Gewaltorgien so weit getrieben wie das christliche Abendland – zuletzt bis zum totalen Krieg und bis zur Vernichtung ganzer Völker.

Es ist dieser missionarische Hang zur Eskalation, zum Grenzenlosen, dieses Mißverständnis, daß künstlerische Kreativität und politischer Fortschritt unausweichlich an die reale Gewalt gebunden sind, dessen treibendes Motiv es zu ergründen gilt, wenn man die Geschichte Europas verstehen will.

Trauma Gewalt – oder: Wir kommen nie wieder nach Hause zurück

So hatte ich mir das nicht vorgestellt. Mein Sohn Johann Joß, gerade einmal dreizehn Jahre alt, lag völlig erschöpft und fassungslos in seinem Bett und war kaum zu bewegen, ein weiteres Wort zu sagen. Schließlich kam unter Tränen ein einziger Satz heraus: »Wir kommen nie wieder nach Hause zurück.«
Was hatte ihn so erschreckt? Wir waren gerade eingetroffen in Bhaktapur, Nepal, um an dem größten Fest der Stadt teilzunehmen. Diese Stadt, in der ein Freund, ein Musikethnologe, seit langem lebte und arbeitete, ist eine beeindruckende alte Bauern- und Handwerkerstadt mit einer fast vollständig erhaltenen traditionellen Zunft- und Kultordnung. Es hatte mich bei einem früheren Besuch fasziniert, so eine »mittelalterliche« Stadt noch lebendig in Funktion zu erleben: das Binden der Getreidegarben auf den Feldern, das Dreschen auf der Tenne, das Hochwerfen des Korns in den flachen Schalen, damit sich die Spreu vom Reis trennt, das Lagern der Ernte auf den Plätzen der Stadt; dazu die nach Zünften gegliederten Gassen der Schneider, Papiermacher und Drachenverkäufer, der Schlachter, Töpfer, Schuhmacher und Stoffhändler. Ich hatte gedacht: Bald wird man diese untergehende alte Stadtkultur nirgendwo in der Welt mehr antreffen. Und nichts Schöneres konnte ich mir denken, als mit meinem Sohn zusammen das bedeutendste Fest der Stadt live mitzuerleben. So waren wir, nach langen Vorbereitungen, während der Herbstferien zum Dassain-Fest nach Nepal gefahren.
Die nepalesische Kultur überzeugt – bei aller Fremdartigkeit und trotz aller unüberwindlichen Verständnisbarrieren für den Europäer – durch eine Friedfertigkeit und Kompromißbereitschaft, die jeden Beobachter bezaubert. Bescheidenheit und Höflichkeit, lächelnde Liebenswürdigkeit, Respekt und Heiterkeit, Gelassenheit

und eine würdevolle Geduld prägen den ländlichen Alltag wie das Leben in der Stadt, den Umgang mit dem Nachbarn wie mit dem Fremden. In Nepal scheint es keine sich ausschließenden Extreme zu geben, die Gesetze der dualen Logik und des klaren Ja und Nein sind unbekannt, überall herrscht ein entschiedenes, allzeit freundliches Sowohl – Als auch. Die äußere Lage mag dazu viel beigetragen haben. Das Land ist eingezwängt zwischen die Gebirgszüge des Himalaya, das allein verordnet den unterschiedlichen Regionen des Landes gewaltige Zivilisationsunterschiede, die von urzeitlicher Subsistenzwirtschaft bis zu den modernsten westlichen Lebensstilen reichen. Auch die unmittelbare bedrohliche Nachbarschaft zu dem Weltkonflikt zwischen China und Indien hat ihre Wirkung getan. Sie erzeugte eine erstaunliche Begabung, mit beiden politischen Giganten friedlich zu koexistieren, ohne sich in feste Abhängigkeiten begeben zu müssen. Das bleibt ein heikles Unterfangen für ein kleines und sehr armes Land, das historisch immer geprägt war von durchziehenden Heeren, Eroberern, Kaufleuten und wandernden Mönchen. Zurück blieb die geschichtliche Beeinflussung durch alle religiösen Traditionen des Kontinents, wobei sich Buddhismus und Hinduismus in ungewöhnlicher Weise mit regionalen, schamanischen Naturreligionen vermischt haben. So entstand eine Symbiose religiöser Traditionen, in der alle Götter und alle Feste nebeneinander aufgehoben scheinen, als dürfe bei Strafe keiner vergessen werden. Es ist eine Kultur der Überlebensklugheit, der Anpassungsfähigkeit und der synkretistischen Toleranz.
Das ist die kulturelle Grundströmung, die das Alltagsleben beherrscht. Trotzdem sind die Nepalesen keineswegs gewaltabstinenter als die Mitteleuropäer. Als im Jahre 1989 auch in Nepal eine Revolution ausbrach, war sie blutiger und kostete mehr Menschenleben als alle Revolutionen auf dem europäischen Kontinent zusammengenommen, die damals gleichzeitig stattfanden. Daß die europäische Politik und die europäischen Medien davon keine

Kenntnis nahmen – weder von der ersten demokratischen Revolution in Asien, noch von ihren gewalthaltigen Umständen – lag sicher nicht nur daran, daß Europa selbst gerade genug mit Revolutionen und Umstürzen zu tun hatte. Es war der übliche Normalfall des begrenzten europäischen Weltinteresses.

Nicht die Fähigkeit, Gewalt anzuwenden, noch nicht einmal die grundsätzliche Bereitschaft, Konflikte gewalttätig auszutragen, unterscheidet also den Nepalesen vom Europäer. Was ihn aber unterscheidet, ist die Angst, von der Gewalt infiziert zu werden. Man könnte auch sagen: der Realismus. In Nepal, in Asien insgesamt, weiß man besser, was es heißt, wenn Menschen im Blutrausch außer Kontrolle geraten. Alle wissen, daß die Gewalt, einmal ausgebrochen, sich so unberechenbar ausbreiten kann wie ein Steppenbrand. Alle hüten sich also vor dem ersten Funken.

Und ausgerechnet diese der Gewalt gegenüber so vorsichtige Kultur hatte, beim ersten Zusammentreffen, meinen Sohn so erschreckt – was war passiert? Er war am Abend nach der Ankunft hineingeraten in das dunkle Treiben der Trommeln, Fackeln und Menschen in den engen Gassen. Mitten im Taumel und Tanz der Musikanten und Zuschauer hatte ihn eine große Angst überfallen. Er hatte etwas vom Unheimlichen, Unvertrauten dieser Kultur verspürt und dies als Drohung und Warnung für sich selbst verstanden. Offenbar hatte er instinktiv etwas von den Gewaltursprüngen dieser Rituale und Feiern erfaßt.

Das Dassain-Fest in Nepal verrät viel von der Kunst traditionell gewaltarmer Kulturen, unkontrollierbare Gewaltausbrüche zu verhindern oder ihnen doch vorzubeugen. Die Dassain-Zeremonien finden jeweils Ende Oktober bis Anfang November statt und dauern zehn Tage lang. Dem Rang nach sind dies die bedeutendsten Festtage des Jahres. Sie beginnen mit nächtlichen Umzügen der Trommler und Musikanten. Die mondlosen Nächte sind angefüllt mit dumpfen, unheimlichen Trommelklängen, die mit wachsender Intensität durch die Gassen hallen. Die Gruppen der nach Kasten geordneten Musiker, unter ihnen wahre Meister der Tabla-Trommeln, folgen rituellen Ordnungen und Wegen, sie halten an allen Heiligtümern und spielen lange Ketten von überlieferten Rhythmen, die keiner je aufgeschrieben hat. In diesen Nächten kommt niemand zur Ruhe.

Am dritten Tag betreten die Götter die Stadt, die Nawa Durgas, in ihren alten, mit silbernen Ketten und Glocken behangenen Gewändern. Plötzlich sind sie da, mit allen Zeichen der Ehrfurcht werden sie von den Einwohnern mal hier, mal da erkannt und scheu begrüßt. Sie holen sich die für sie bestimmten, gewaltigen Masken und bereiten die Zeremonie zu ihrer Initiation vor. An einem der Tempel wird über einen weißen Stein ein geweihtes Lamm geschächtet und hoch über die atemlos zuschauende Menge gereckt. Verborgen unter einem großen weißen Tuch, trinken alle Nawa Durgas von dem frisch ausströmenden Blut. Sofort erfaßt sie ein Taumel, sie geraten in Trance. Das ist die Inkarnation, die Nawa Duras sind jetzt keine Irdischen mehr, sie sind wirklich die Götter und werden eine Woche lang die Stadt beherrschen.

Es beginnt die Zeit der Opfer und der Opfermahle in allen Stadtvierteln. In den Einzelzeremonien werden Reis, Linsen, Früchte, Blumen, Hühner, kleine Geschenke geweiht und den Göttern übergeben. Auch werden diese mit üppigen Portionen erlesenster Kostbarkeiten, auf riesigen Palmblättern serviert, bewirtet, bevor sie selbst an den Opferaltären die Zeremonien vornehmen, die das Haus und die Straße im kommenden Jahr beschützen werden. Regelmäßig gehört zum Opfer auch etwas Lebendiges: mit den bloßen Händen, mit dem scharfen Daumennagel, wird dem Ferkel das Herz aus dem Leib gerissen. Es beginnt überhaupt die Zeit des großen Schlachtens, in allen Gassen ist Blut, Därme werden in den Flußbetten ausgewaschen, Unmengen von Fleisch und Tierresten häufen sich in den Höfen und Häusern. Zuletzt jagen alle Stadtbewohner gemeinsam einen Büffel, sie vertreiben ihn aus der Stadt und führen ihn schließlich zu einem vorgegebenen Opferplatz.

Das ist der Höhepunkt des Dassain: draußen vor den Toren besiegen die Nawa Durgas, die guten Götter, den bösen schwarzen Büffelgott. Wieder, zum letzten Mal, trinken sie von seinem Blut und geraten nun in eine ekstatische wilde Tanzerei, die nicht enden will, wüster und aggressiver als am Anfang. Früher, so heißt es, stürzte regelmäßig einer der Nawa Durgas nach diesem Exzeß leblos zu Boden. Es war sein Totentanz. So mächtig war der Zauber, es ging dabei wirklich um Leben und Tod. Danach werden die Stadt und ihre Bewohner wieder friedlich wie zuvor.

Diese Festzeremonie der alten, im neunten Jahrhundert gegründeten Stadt Bhaktapur, die meinen Sohn so beunruhigt hatte, daß er fürchtete, nie wieder nach Europa zurückzufinden, enthält Elemente von gewaltabwehrenden kultischen Regelungen und Symbolen, wie sie in Variationen in allen Religionen und Kulturen der Menschheit wiederkehren. Die jüdische Tradition kennt das stellvertretende Sühneopfer, den Sündenbock, der von allen in die Wüste geschickt wird. Die christliche Tradition konkretisiert dies in dem menschlichsten aller Tieropfer, dem Lamm, das zur Schlachtbank geführt wird. Afrikanische Schamanen kennen die magische und womöglich todbringende Wirkung der heiligen Masken und ihrer ekstatischen Tänze. Ähnliche Tänze um Leben und Tod gibt es in den indianischen und indischen Traditionen, auch die alten alemannischen Fastnachtsbräuche mit ihren imponierenden Maskenzügen leben davon. Und noch der rheinische Karneval kennt den Rausch des Außer-sich-Seins und die verwandelnde Stimulanz des Rollentausches.

Die Ablösung der Menschenopfer durch Tieropfer steht am Anfang aller Hochkulturen, und alle wissen zugleich, daß dies nicht immer gelingt. Die Festtage als rauhe Tage, als unheimliche, in denen die alten, überholten Ordnungen wieder ihr Recht fordern und erneut besiegt werden müssen, das kennen die Germanen wie die frühen Naturreligonen der Kelten. Der Totem als Tabubezirk, in dem für begrenzte Zeit alles erlaubt ist: Mord und Inzest, Völlerei und Blutrausch, das fand sich nicht nur in den Traditionen Polynesiens, sondern auch in Ägypten und im Zwei-Stromland. Und noch der Dionysoskult der Griechen wußte, was geschieht, wenn die Mänaden außerhalb der sakralen Ordnungen außer Sinnen geraten und Orpheus, den Sänger, wegen seiner überirdisch betörenden Gesänge in Stücke zerreißen.

Gerade diese Ähnlichkeit in den Opfertraditionen über die Jahrhunderte und die größten räumlichen Entfernungen hinweg ist das Erstaunliche. Sie gehört zu den großen Geheimnissen, die die Ethnologen und Anthropologen noch kaum enträtselt haben. Warum brauchen alle Kulturen Opfer? Und wofür oder wogegen brauchen sie diese Opfer?

Eine erste Antwort kann bereits hier versucht werden: Die Opferzeremonien, so gewalttätig sie auch sein mögen, werden nicht als Gewalt verstanden, sondern im Gegenteil als ein Mittel, die Gewalt in der Gemeinschaft zu bannen, unschädlich zu machen. Nichts liegt den alten Kulturen ferner als jene moderne psychologisierende Interpretation, die realexistierende Gewalt brauche eben ein Ventil, um sich von Zeit zu Zeit entladen zu können. Eine solche Auffassung wäre Mitgliedern früherer Kultgemeinschaften als Frevel, als bodenlose, unverantwortliche Leichtfertigkeit erschienen, als Sprengsatz am Geist der Gemeinschaft.

Die Gewalt ist das Trauma schlechthin. Nichts erschreckt die Menschen früherer Kulturen so sehr wie die plötzlich auftretende Bluttat. Gewalt gebiert das Chaos und damit die Zerstörung aller menschlichen Gemeinwesen. Alle Phantasien und alle Weisheiten von Häuptlingen und Heiligen werden ja gerade dazu aufgewandt, um die Gewalt aus dem Stamm, der Sippe, dem Dorf fernzuhalten.

Indianische Traditionen kennen eine ganze Reihe von festen Regeln, um die einmal durch einen plötzlichen Gewaltakt entstandene Unordnung wieder in Ordnung zu überführen. Da wird der Übeltäter selbst aus der Gemeinschaft ausgestoßen, um seinen

Stamm nicht zu infizieren. Es werden ihm schwerste Reinigungsriten abverlangt, die er alle peinlichst genau erfüllen muß, bevor er, wenn überhaupt, zurückkehren darf. Auch das ganze Dorf wird in Sühnerituale einbezogen, um die Verletzung des Friedensgebotes zu ahnden. Oder es wird ein Ersatzopfer angeboten, das der Geschädigte akzeptieren muß, bevor wieder Friede herrschen kann. Vor allem wird alles unternommen, um das mögliche Ausbrechen der Blutrache zu unterbinden. Die Blutrache ist in ihrem Verlauf von absoluter Zerstörungskraft, sie ist das Chaos ohne Ende und die Vernichtung aller kulturellen Ordnungen.

Gewalt, das war keine Spielwiese, kein Theater und kein Ort der Selbstfindung für frühere Zivilisationsstufen der Menschheit. Es war die Flammenschrift an der Wand, die alle zu lesen verstanden.

Der Kult ist der Meister der Furcht

Die magischen Zeitalter sind für immer vorbei. Aber verloren sind damit auch deren Regelungen zur Eindämmung von Gewalt und Chaos, deren Kunst, die große Furcht zu meistern. Wie sicher wir heutigen Mitteleuropäer leben, läßt sich an der Beliebigkeit ablesen, mit der wir die Kulturschätze der in Jahrtausenden gewachsenen menschlichen Zivilisation entrümpeln, als handele es sich um unmodern gewordene Billigwaren aus der letzten Saison, die jederzeit reproduzierbar und ersetzbar sind. Dazu gehört auch die leichte und beiläufige Verächtlichkeit, die die ganze Moderne den überlieferten Kulten und Ritualen gegenüber an den Tag zu legen pflegt, deren Sinn zu entziffern sie der Mühe nicht wert findet. Dabei sind Kulte und Rituale nichts anderes als sehr frühe Vorformen von Verfassungen und Gesellschaftsverträgen, sie sind Prototypen von »Rechtsstaatlichkeit«. Der Unterschied zu unseren Verfassungsordnungen ist, daß das Recht in kultischer Form und der Gesellschaftsvertrag in Form von Religionsgesetzen eine sehr große Welt voraussetzt. Eine Welt, in der Religion und Politik noch nicht getrennt sind. Eine Welt, über der sich noch ein Himmel wölbt, aus dem weder die Götter noch die Fragen nach dem Sinn des Lebens verbannt sind.
Was ist die rechtsetzende Funktion von Kulten? Sie vermitteln im Reich der Leidenschaften ein festes Regelwerk, nach dem die entstehenden Aggressionen zutage kommen und dennoch gebändigt werden können. Sie sind so etwas wie Schutzvorrichtungen und Konventionen für die Kriege, die im Inneren der Gemeinschaften jederzeit auszubrechen drohen. Und welche Welt bilden sie ab? Kulte gehen davon aus, daß dem Kosmos eine Ordnung innewohnt, die den Menschen etwas angeht, obwohl sie letztlich nicht von ihm gemacht ist. Diese Ordnung der Welt wird in aller Regel auf eine ursächliche, planende, schöpferische Kraft zurückgeführt, deren

Willen den Kosmos und alles Seiende geschaffen hat. Neben dieser Funktion, als Schöpfergott, sorgt diese Macht, als Schutzgott und Bewahrer, mittels einer sinnvollen Anordnung des Weltganzen dafür, daß alles, was ins Sein gelangt ist, auch existieren kann, was eine gewisse Dauer voraussetzt. In dieser Welt des guten Seins gibt es nur eine große Bedrohung: das Nicht-Sein, die Kraft, die gutes Sein hindert und vernichtet. Für diese Kraft gibt es tausend Namen und Bilder: das Böse, der böse Gott, der Satan, der Teufel, die Dämonen, das Nichts, die Urflut, das Chaos.
Jeder existenzbedrohende Gewaltakt ist, so verstanden, der Einbruch der Finsternis in eine lichte Weltordnung, der Fall, der ein gutes Weltgebäude zum Einsturz zu bringen droht. Er ist eine Rebellion gegen höhere Ordnungen. Daß eine solche Revolte in ihrem Umfeld Furcht und Schrecken verbreitet, hat also nicht nur mit Existenzängsten zu tun, mit Ängsten um Leib und Leben. Fast größer noch ist die Chaosangst, der Schrecken davor, daß die guten Ordnungen nicht mehr halten nach diesem Frevel, daß die Götter zürnen, der Himmel einstürzen, die Gesetzestafeln auf immer zerbrechen könnten. Das Bedürfnis nach Sicherheit ist so alt wie der aufrechte Gang und die Ich-Werdung des Menschen und will genauso gestillt werden wie das Bedürfnis nach Wasser und Brot. Das Schutzbedürfnis ist der Durst und der Hunger der in eine unsichere Welt entlassenen Seelen.
Das wissen die Kulte, und sie befriedigen diese Bedürfnisse in hohem Maße. Sie verstehen sich darauf, in die Welt der überbordenden Leidenschaften verläßliche Regelwerke einzufügen und vermitteln damit eine Art »Genfer Konvention« der Emotionen. Eins haben die Kultordnungen mit den großen klassischen Tragödien gemeinsam: Sie schaffen die verletzte Ordnung neu, sie heilen den Riß in der Welt. Immer wieder spielen sie die große Szene nach, in der die Gewalttat passiert ist, die das Gemeinwesen und dessen Ordnung bedroht. Aber diese Wiederholung im Kult hat ausdrücklich die Bedeutung, die verletzte Ordnung wieder herzustellen. Sie

tut das mit Handlungen, die die Bluttat nachahmen, bei denen aber nichts mehr willkürlich, sondern alles genau nach Plan verläuft. Was die Ordnung verletzte, muß sie auch wieder heilen, das ist der tiefere Sinn der Magie des Opferkultes. Der rituelle Charakter des Geschehens bietet die Garantie dafür, daß nicht durch unkontrollierbare Gewalttat die Gesetze der Rache zwischen der verletzten Gottheit und der frevelnden Menschengruppe ausgelöst werden, die schließlich das ganze Gemeinwesen vernichten würden. Das Ziel des Opfers, wie des Kultus allgemein, ist also die magische Eingrenzung der Gewalt. Das Ziel ist die Versöhnung der zürnenden Gottheit, die Wiederherstellung der durch Gewalt bedrohten und verletzten guten Verfassung der Welt.

Es war ein epochemachendes Ereignis der Entwicklung zum Recht und zum Rechtsverständnis, als in dieser Kultordnung der Gedanke der Stellvertretung Platz und Geltung bekam. Es war ein gewaltiger Schritt hin zu einer humanen Zivilisation, als die Tieropfer die Menschenopfer ersetzten. Gleichzeitig markiert dies die Fähigkeit zu einer gewissen Abstraktion vom Ursprungsereignis und seinen Leidenschaften. Es ist die dritte Instanz, der Kultus, der regelt, welche Opfer welche Straftat zu sühnen in der Lage sind.

Diese Entwicklung der Opfervorstellungen hin zu einer sublimierten Kultordnung ist nachlesbar: Die Genesis-Geschichten des hebräischen Talmud, des Alten Testamentes, sind eine einzigartige Chronik, aus der die verschiedenen Zivilisationsstufen der frühen Hochkulturen und die Stadien der Opferkulte in faszinierenden Bildern und Geschichten beschrieben werden.

Da heißt es: Gott schafft die Welt aus dem Chaos, der Urflut, dem Tohuwabohu. Er schafft sie in einer fast naturwissenschaftlichen Reihenfolge, so jedenfalls die priesterschriftliche Lesart, die jedem der sechs Schöpfungstage eine Entwicklungsstufe zuordnet. Schon in der Genesis wird der siebte Tag als kultischer Festtag, als Tag, an dem Gott selbst von seinen gelungenen Werken ausruht, ausgewiesen. Der siebte Tag ist hier noch der Tag für die Meditation, die Anschauung des Vollkommenen. Dieser Festtag ist noch frei von Opfern, er muß keinen Schaden wiedergutmachen, keine Schuld sühnen, er ist dem Urzustand am nächsten. So wie Adam und Eva im Paradies nichts anderes hatten als Jetztzeit, Sinnenfreude, Fülle, Genuß, Gottesgegenwart. Die erste Verletzung dieser Paradiesordnung ist das Mehr-Wollen, die Ich-Werdung, die sexuelle Neugierde, das Schöpfer-sein-Wollen-wie Gott. Sie endet mit der Vertreibung aus dem Paradies, dem vorläufigen Ende der reinen Meditation, der reinen Anschauung Gottes und seiner Werke. Diese Vertreibung ist der Beginn der Menschengeschichte, die – neben allen kreativen Abenteuern des Geistes und der Sinne – immer auch eine Geschichte der Heimatlosigkeit und der Schutzbedürftigkeit ist.

Die symbolischen Kinder von Adam und Eva, die zwillingshaften Kain und Abel, sind schon bei opferkultischen Handlungen zu beobachten, als müßten sie die Verletzung der Paradiesordnung sühnen. Der eine, Abel, opfert Pflanzen, der andere, Kain, opfert bereits Tiere, aber nicht aus Stellvertretungsgründen, sondern weil er nichts anderes kennt. Kain repräsentiert die Jägergesellschaft gegenüber der Sammlergesellschaft, er besitzt schon die Tötungswerkzeuge, er ist dichter an der Bluttat. Und tatsächlich ist er es, der über seinen Bruder in blinden Zorn gerät und ihn, aus Neid und Konkurrenzgründen, erschlägt. Nach dieser Verletzung am heiligen Ort nimmt das Unheil seinen Lauf. Zwar versucht Gott selbst einzugreifen, indem er Kain durch das »Kainsmal« auf der Stirn vor der ausbrechenden Blutrache in Schutz nimmt. Doch vergebens: »das Blut schreit zum Himmel«, Gewalttat häuft sich auf Gewalttat, nichts wird ausgelassen: Kindermord, Blutschande, Inzest, Perversionen, Sodomie, Kannibalismus, Schändungen der heiligen Stätten. Die Welt der Menschen ist nicht mehr zu retten, sie schickt sich sogar an, mit dem Turmbau zu Babel, Gott selbst aus seinem Himmel, dem letzten heilen Ort, zu holen, so daß er ihre Sprache verwirren muß, um diesen einmütigen Zerstörungswillen der Menschen zu brechen. Das Chaos nimmt seinen Lauf. Es endet in Sodom und Gomorrha, in einem Blutrausch ohnegleichen, bis Gott die große Flut schickt, das Nichts, die Vernichtung. Alle Ordnungen sind zerbrochen, es gibt keinen Schutz mehr unter diesem leeren Himmel.

Es gibt nur noch einen symbolischen Rest, die Arche, die Nußschale, auf der Noah, gemeinsam mit der kleinsten Menge alles Lebendigen, auf Rettung aus dem Nichts wartet. Seine Utopie, für die er seine Raben und weißen Tauben losschickt, ist, daß eine neue kultische Ordnung aus den Fluten aufsteigt: der neue Bund, der zweite Teil der Erschaffung der Welt, die Friedensordnung, die das Chaos schon kennt und nie wieder vergessen wird.

Der Kultus ist immer die *zweite Schöpfung*, die satt ist von der Erfahrung des Einbruchs des Unheils und der Tragödien der Menschengeschichte. Der Beginn dieser kultischen Friedensordnung ist die Ersetzung der Menschenopfer durch Tieropfer. Das ist der Hintergrund der dunklen Geschichte, die seit Alters her »Isaaks Opferung« heißt, aber richtiger »Isaaks verhinderte Opferung« heißen müßte. Die Geschichte setzt nämlich voraus, was nicht der Mythos, sondern Wahrheit ist, daß Väter ihre Söhne opfern. Das ist die Bilanz jedes Krieges: Ausgerufen durch alte Männer, frißt der Krieg die Söhne, Frauen und Töchter. Der Krieg ist die größte Bedrohung der Generationenfolge und die absolute Entfesselung der Gewalt.

Abraham also, der entschlossen ist, seinen Sohn Isaak zu »opfern«, im Glauben, dies sei ein Opfer, das sein Gott von ihm verlangt, wird von diesem Gott aufgefordert, stattdessen den Widder, das Tier, auf den Altar zu legen. Die dritte Instanz ist gefunden, die Adresse, die Abrahams Tötungsbereitschaft auf sich versammelt, die Vernichtung der Generationenfolge unterbindet und gleichzeitig die Gottheit und die göttliche Ordnung zufriedenstellt. So ist das »versöhnende Opfer« gefunden als Vorstufe eines rechtsstaatlichen Regelwerks, als Mittel, die Eskalation der Gewalt einzudämmen.

Mit dieser ordnungsstiftenden Gründungstat aus der Zeit der Patriarchen kann die Geschichte des Volkes Israel beginnen. Israel hat das wichtigste Instrument in den Händen, um den Frieden zu sichern: das Recht einer kultischen Ordnung.
Übertroffen wird dies dann nur noch, in der Richterzeit, durch die mosaische Gesetzgebung, die Moses von Gott geschenkt bekommt, als wieder einmal Chaos unter dem Volk auszubrechen drohte. Das Volk murrte in der Wüste, es wollte zurück zu den Fleischtöpfen in Ägypten, wo es zwar keine Freiheit, aber doch eine ausreichende Existenzsicherung hatte. In Erinnerung an diese vergangenen Sinnenfreuden und das verflossene Wohlleben opfert es dem »goldenen Kalb«, dem Inbegriff des Kultes geschichtsvergessener Gegenwart. Die Gesetzestafeln des Moses dagegen, die er aus Zorn über das Volk zerschmettert und dann, nach Reinigungsritualen, erneut von Gott ausgehändigt bekommt – wieder ist der zweite Bund der zukunftsweisende – enthalten bereits alle gewaltreduzierenden Rechtsvorschriften, die auch die modernen Strafgesetzbücher enthalten. Verboten sind: Mord, Raub, Diebstahl, Eigentumsdelikte aller Art, Lüge, falsches Zeugnis vor Gericht. Hinzu kommen allerlei Regelungen zum friedlichen Nebeneinander in den Großfamilien und Nachbarschaften: Eltern sind zu ehren, Ehen nicht zu brechen, Sklaven und Vieh nicht zu entwenden, Fremde zu schützen und Feiertage einzuhalten. Über dem allen steht die Verpflichtung auf den einen Gott als persönlichen Garanten der umfassenden Friedensordnung.
Nur wer das Gesetz als Zeichen dieser sicheren Friedensordnung, als Vorgriff auf den Rechtsstaat, versteht, begreift, warum im ganzen Alten Testament die Tatsache, daß Israel ein Gesetz hat, geradezu überschwenglich als Zeichen der Erwählung, der großen Bevorzugung unter den Völkern gefeiert wird. Ein Gesetz haben heißt: vor dem Chaos geschützt sein. Ein Gesetz haben heißt: eine sichere Zukunft haben. Ein Gesetz haben heißt, gegenüber den anderen Völkern mit ihren ständig ausbrechenden Stammesfehden und

Blutrachen einen unglaublichen sozialen und wirtschaftlichen Vorteil zu besitzen. Alle späteren Kultregelungen Israels, bis in die Zeit der Propheten und Könige hinein, sind Erinnerungszeremonien dieser grundlegenden kultischen und gesetzgeberischen Ordnungen der jüdischen Hochkultur, die mit dem mosaischen Gesetz, mit der Thora, begann.

Erstaunlich ist es keineswegs, daß das frühe Christentum nur zu der Zeitenwende wirksam werden konnte, in der die Klassik und die staatstragende Funktion der mosaischen Gesetzgebung und der jüdischen Kultordnung lange vorbei war. Die kultische Ordnung sicherte nicht länger den inneren und äußeren Frieden. Der römische Staat, der eine eigene ausgefeilte und offensichtlich überlegene Rechtsordnung besaß, hatte Israel zur Kolonie gemacht, die Funktionäre der Jerusalemer Kultordnungen, Pharisäer und Schriftgelehrte, waren in Dauerfehden verstrickt und unfähig, neue Reformbewegungen aus sich heraus zu entwickeln, wie das in früheren Zeiten, selbst nach schweren politischen Niederlagen, immer wieder die Propheten und Prophetenschulen getan hatten. Der Tempel selbst, als Zentrum der Kultordnung, war zerstört. Eine fieberhafte apokalyptische Erneuerungserwartung auf den neuen Messias und den neuen Zion erschütterte die Landbevölkerung und griff auf die Städte über. Überall fragte man sehnsüchtig: Wo ist der, der da kommen soll?

In diese Zeit, die erhitzt war von Zukunftsweissagungen, Gewalterfahrungen und Chaosängsten, fällt die Ankündigung der neuen, der vollkommenen Kultordnung des Christentums, die die endgültige, die ewige Friedensordnung verspricht, und zwar der Stadt und dem Erdkreis, urbi et orbi. Ein gigantisches Versprechen, eine Utopie ohne jede Grenze – aber nicht ohne Tradition. Denn Zentrum dieses Kultes ist wieder das versöhnende Opfer der Patriarchenzeit, der neue Bund, mit dem Menschensohn, dem zweiten Adam als Menschheitserlöser im Zentrum.

Es ist Legitimationszweck in der Auseinandersetzung der Kultordnungen, wenn Jesus, der Messias, als »Lamm, das zur Schlachtbank geführt wird«, bezeichnet wird. Dabei zielt der Vergleich aber nicht auf die Art des Tötens und schon gar nicht – wie später bei der antijudaistischen christlichen Apologetik üblich – auf die Brutalität der Todesart, sondern allein auf die Funktion als Sündenbock in der kultischen Versöhnungshandlung. Die ganze Leidensgeschichte Jesu wird Punkt für Punkt als rituelle Opferszene dargestellt, das ist die Absicht der Evangelisten. Sie wollen damit ausdrücken: Jesus *mußte* so sterben, weil der *Kult* es so vorsah. Ebenso eindeutig ist der Bezug auf die traditionelle Opferzeremonie, wenn Pilatus, der Vertreter des römischen Rechts, fragt: Welchen wollt Ihr als Sühneopfer, Jesus, das sündlose Opfer, oder Barrabas, den schuldhaften Verbrecher? Barrabas, den Kriminellen, zu kreuzigen hätte den Sieg des römischen Rechtsempfindens signalisiert, bei der kultischen Handlung aber kommt es auf das *unschuldige* Opfer an, wenn die Sühnewirkung erzielt werden soll. Die berühmte, immer wieder psychologisierte oder politisierte Szene, in der Pilatus seine Hände wäscht, ist gleichfalls vor allem eine *rituelle* Szene, die den Sieg des christlichen Kultverständnisses sowohl über das römische Recht wie über die jüdische Kultordnung ausdrücken soll. Der Exponent des römischen Rechts, Pilatus, wird selbst zum Gehilfen der klassischen jüdischen Opferzeremonie – *das* ist die Pointe.

So besiegelt der Gründungsmythos der frühen Christengemeinden, die Tragödie des Opfertodes ihres Messias, die eigene kultische Selbstvergewisserung: Mit dem endgültigen Sühneopfer von Jesus, dem Gottessohn, erfüllt das christliche Kultverständnis den jüdischen Ritus – und überwindet ihn zugleich. Dieser Opfertod stiftet die neue Friedensordnung. Diese aber braucht in Zukunft weder Tier- noch Menschenopfer. Daß Gott selbst, in seinem Sohn, alle Schuld und Gewalt auf sich genommen hat, das ist das Ende des Opferkultes.

Dieses Selbstbewußtsein ist Kern des Erwählungsglaubens der ersten Christengemeinden mit ihrer eschatologischen Erwartung des bald bevorstehenden Weltendes, die sich auch in ihrer urchristlichen Gütergemeinschaft und einem spirituellen Rechtsverständnis widerspiegelte. Es war eine Zeit, die keine Kultordnungen von langer Dauer mehr für notwendig hielt und deswegen auch keine Opfer mehr brauchte, um die Gewalt aus der Gemeinschaft zu verbannen. Es war eine Zeit der Untergangsstimmungen und der Vernichtungsängste. In dieser Zeit sah sich die kleine Gruppe der Getreuen als den heiligen Rest, der, wie Noah in seiner Arche, auf die neue Erde wartete. Der wiederkehrende Messias, so glaubten sie, werde das neue Jerusalem mit sich bringen, das mit all seinen Tempeln schon nicht mehr von dieser Welt sein würde.

Die große Krise der früheren Christengemeinden begann, als das Weltende ausblieb. Ausgesetzt einer Gewalterfahrung ohnegleichen, mit Hunderttausenden von Märtyrern aus den eigenen Reihen, die in den Arenen des römischen Reiches verbluteten, besaßen die jungen Gemeinden zwar Geschichten vom Leben, von den Lehren und vom endgültigen Opfertod ihres Religionsstifters, aber keinen Kult, der ihnen eine Verbannung der Gewalt, eine Rechtssicherheit und eine Friedensordnung versprach. Gleichzeitig war ihnen, angesichts der zentralen Botschaft der Feindesliebe in den Bergpredigten Jesu, jede eigene Gewaltausübung untersagt, wollten sie nicht die Einmaligkeit des Opfertodes ihres Herrn leugnen.

Revolutionäre und schwärmerische Gruppen leben nur im Hier und Jetzt. Wenn religiöse Gruppen auf Dauer existieren, brauchen sie eine Kultordnung. Das war die Geburtsstunde der Messe und der kultischen Feier des Abendmahls, über deren richtige Form Kirchensynode um Kirchensynode mit allen Päpsten und Kirchenlehrern in die heftigsten Debatten geriet. »Das ist mein Leib, für Euch gegeben«...»Das ist mein Blut, für euch vergossen«, dieses Geheimnis der mystischen Verwandlung wurde für Jahrhunderte zum Zentrum des christlichen Kultus und trat an die Stelle der Opferzeremonien in anderen Religionen. Und wie bei diesen hatte es die Funktion, die Gewalt zu bändigen, die Chaosängste abzuweisen, die Gemeinschaft vor dem Rückfall in die Gewalttaten zu schützen. Nur wenn es gelang, die innigste kultische Erinnerung an den versöhnenden Opfertod des einen unschuldigen Menschensohnes als Gründungsmythos des Christentums wachzuhalten, konnte es gelingen, die Suche nach anderen Sündenböcken auf Dauer einzustellen. Nur dann würde so etwas wie Rechtssicherheit und ein berechenbares Normverhalten im christlichen Alltagsleben zu erreichen sein. Die Zeit der gnostischen Schwärmer war vorbei, die Zeit der Päpste und Kardinäle begann.

Ein Jahrtausend später, als die Kultordnung des Katholizismus – nicht zuletzt durch ein Übermaß an christlich motivierten Gewalttaten – zu zerbrechen drohte, hat der Mönch und Reformator Martin Luther an den Schlaf der Welt gerührt. Schon bald darauf aber ist er selbst, vorahnend schon, fieberhaft darum bemüht, die Eucharistie als letzten Eckstein einer gewalteindämmenden Kultordnung auch in seinen reformierten Gottesdiensten festzuhalten. In den Religionsgesprächen mit Zwingli, im Jahre 1520, besteht er darauf, daß es auch im deutschen Text der Einsetzungsworte beim Abendmahl heißen müsse: »Das *ist* mein Leib.« Zwingli, der Moderne, der Intellektuelle und Schwärmer, wollte den gefälligeren und leichter verständlichen Text »Das *bedeutet* mein Leib.« Er wußte nicht mehr, was ein Kultus vermag, er verstand das Abendmahl als reine Erinnerungsfeier. Luther, der Konservative und wahrscheinlich doch wohl kundigere Menschenkenner, wußte noch, daß ein Gottesdienst ohne versöhnendes Opfer im Zentrum zu schwach war, daß er so die Gewalt nicht auf Dauer außerhalb der Gemeinschaften würde halten können.

Kurze Zeit später brach der Bauernkrieg aus und endete in einem Gemetzel. Ganz Europa kam in dieser unruhigen Epoche überhaupt nicht mehr zur Ruhe – bis es im Dreißigjährigen Krieg des folgenden Jahrhunderts fast verblutete.

Eine große Macht: die Religion [6]

Kultus und Religion haben von alters her die Aufgabe, Gewalt zu bändigen und von der Gesellschaft fernzuhalten. Niemand hat darüber mehr und Erhellenderes geschrieben als der Ethnologe und Kulturphilosoph René Girard. Er kommt zu dem Schluß: »Es gibt keine Gesellschaft ohne Religion, weil ohne Religion keine Gesellschaft möglich wäre.«[7] Ganz ähnlich formuliert er über die Notwendigkeit von Kulten: »Der Mechanismus des versöhnenden Opfers muß uns inzwischen als wesentlich dafür verantwortlich erscheinen, daß so etwas wie die Menschheit existiert.«[8]

Religion und Kulte werden damit als ordnungs- und sinnstiftende Grundbedingungen von menschlichen Gemeinschaften definiert, also als sozio-kulturelle Grundversorgung. Daß ohne Religion keine Gesellschaft auf Dauer überlebensfähig sei, galt in allen frühen Hochkulturen als unumstößlich. Erst in der Neuzeit suchten die Menschen nach anderen Mitteln, sich in einer unsicheren Welt Sicherheiten zu verschaffen.

Für die heutige Sicht, die von einer areligiösen Welterfahrung geprägt ist, gibt es keine großen Bedeutungsunterschiede zwischen Kultus und Religion. Religionskritik wird damit auch immer als Kritik von Kulten verstanden. Kult und Religion sind aber nicht identisch. Der Kult ist gebunden an den zentralen Gründungsmythos der Gesellschaft, den er wiederholt. Er hat genau festgelegte, dienende, rechts- und gemeinschaftsstiftende Funktionen. Mit einem Begriff aus den modernen Gesellschaftsverfassungen: Der Kult ist das praktizierte Gewaltmonopol der Religionen. Im Kult reklamiert die Gottheit: »Mein ist die Rache!«

Wiedererkennbarkeit und Überprüfbarkeit gehören zum Kult, wie die Einhaltung fester Regeln durch eine eigens dafür ausgebildete Schicht von Kultfunktionären. Kulte aber, die ihre ordnungsstiftende und gewaltabweisende Funktion nicht mehr erfüllen, verlieren ihre Akzeptanz und geraten in die Krise. Sie werden kraftlos. Sie verschwinden aus der Praxis der Religionen – und bald auch aus dem Gedächtnis der Menschen.

Religionen sind aus anderem, dauerhafterem Stoff. Sie haben auch zusätzliche Funktionen außer der, den Gemeinschaftsfrieden zu regeln. Religionen haben *Macht*, eine Macht, die sie auch über den Zeitraum ihrer Akzeptanz hinaus zu verteidigen verstehen.

Religion kommt von religio (lat). Religio heißt beides: Bindung und Überwältigung. Die Macht, die die Religion über die Seelen der Menschen und über ganze Gesellschaften hatte, hat sie deshalb zugestanden bekommen, weil sie die Vollmacht und auch die Mittel besaß, die bedrohliche Gewalt zu bändigen und außerhalb der Grenzen der jeweiligen Gemeinschaften zu verbannen. Diese Vollmacht war durch die Erfahrungen der Menschen mit der wohltuenden Wirkung des Kultus und mit der identitätsstiftenden Funktion der Heiligen Offenbarungstexte vielfach belegt, sonst wäre sie niemals auf Dauer akzeptiert worden. Die Vollmacht beruhte also in der Sicherheit, im Schutz vor vielfältigen Ängsten, die die Zugehörigkeit zu einer religiösen Gruppe verleiht.

Aber die Religion bändigt nicht nur die böse Gewalt und die Angst, sie bindet auch die Mitglieder der Religionsgemeinschaft: positiv durch eine innere Sinnstiftung, ein Bewußtsein der Erwählung dieser sozialen Gruppe, negativ durch Auslieferung an eine unheimliche sakrale Macht, die über Leben und Tod, Sein oder Nicht-Sein der Gruppenmitglieder zu befinden hat, und zwar auf Zeit und Ewigkeit. Diese unheimliche, segenspendende und manchmal todbringende Macht, das ist das Heilige. Das Heilige ist nicht von dieser Welt. Das Heilige ist die Epiphanie des Ewigen, der Urkraft, des guten wie des zornigen Gottes. Das Heilige ist Schöpfung und Chaos zugleich.

Alle großen Religionen leben vom Verdecken und Verhüllen des Heiligen. Das Heilige ist Tabubezirk, es ist der Gottheit geweiht, vom normalen Leben der Sterblichen abgesondert. Was am Ort des Heiligen passiert, ist verborgen in einem besonderen Raum, hinter einem Vorhang, es ist der Öffentlichkeit nicht zugänglich. Auch die Gottheit ist dort nicht immer anwesend, niemand weiß genau, wann sie kommt und wann sie geht. Zugang zum Heiligen haben nur die Menschen, Priester vor allem, die dazu besonders vorbereitet und auserwählt wurden, sei es durch Geburt, sei es durch Berufung, sei es durch besondere Weihen.

Das Göttliche, das im Heiligen anwesend ist, hat ein Doppelgesicht, wenn es erscheint: Es segnet und straft, erwählt und vernichtet. Beide großen Urkräfte des Lebens: das Sein und das Nicht-Sein, der gute Gott und der zornige Gott, sind am Ort des Heiligen noch ungetrennt. Selbst das Chaos und die Gewalt sind nicht außerhalb des Heiligen. Brechen sie aus, entsteht ein heiliger Zorn, Raserei und heiliger Schrecken – oder ein heiliger Krieg. Dieses Heilige kennt keine Gesetze und muß sich auch an keine halten.

René Girard hat darauf hingewiesen, daß das Christentum dadurch von anderen Religionen unterschieden ist, daß es die Gewalt im Kern des Heiligen nicht sakralisiert. Mit dieser Betonung der großen Besonderheit hat er Recht: die Heiligsprechung der Gewalt steht nicht im Zentrum der Evangelien. Keine der Gewalttaten, die in der Gründungsgeschichte des Christentums passiert sind, wird verdeckt. Die Fragen, die häufig als Einwand gegen das Christentum vorgebracht werden – »Wie kann man einen Gott haben, der seinen Sohn tötet?« oder: »Wie kann man bloß eine Messe feiern, in deren Zentrum symbolischer Kannibalismus praktiziert wird?« – zeigen nur das Unwissen und die kulturelle Ignoranz der Frager gegenüber Mysterien und Kulten. Im Gegenteil, so Girard, ist das gerade das bewußt gewählte Skandalon der neutestamentlichen Evangelien: Die Gewalt, die Aggressivität, der Vernichtungswille gegen den Religionsstifter, der selbst völlig gewaltfrei war und sogar dazu aufgefordert hatte, die Feinde zu lieben, werden nicht beschönigt und sakral überhöht.

»*Ihr* wolltet ihn kreuzigen. Es war Eure Gewalt. Er starb für Euch und Eure Kinder. Er lud auf sich Eure Schuld. Alle haben ihn verlassen und verraten, sogar seine engsten Vertrauten.« In diesen Kernaussagen über die eigene Gewaltgeschichte ist das Evangelium brutal offen und völlig unromantisch. Es erlaubt nicht die beschönigende tragische Ausrede, daß Gott selbst ein blutiges Opfer verlangt habe. Nach dem Tod Jesu auf Golgata, so heißt es, zerriß der Vorhang im Tempel, der heilige Bezirk wurde zugänglich und zeigte offen die Gewalttat, die geschehen war. Alle konnten es sehen: das Opfer war unschuldig. Die frühe Christenheit war deswegen auch eine der wenigen frühen Religionsgemeinschaften, bei der im Zentrum des Heiligen keine gewalttätigen Opfer von Unschuldigen mehr Platz hatten, weder als Menschen- noch als Tieropfer. Der Gott Jesu wollte, nach dem letzten schuldlosen Opfer, dem Leiden und Sterben seines eigenen Sohnes, kein Blut mehr auf seinem Altar.

Die Gewalt war also aus dem Bezirk des Heiligen verbannt. Aber die Gewalt existierte noch in der Gesellschaft, und zwar mehr denn je. Die Gewalt schuf sich also Ersatzadressen und Ventile. Der Kultus hatte die Gewalt am Ort des Heiligen im Tabubezirk gebannt. Es ist eine neue und nicht ungefährliche Stufe des Umgangs mit der Gewalt, wenn man ihr ein Ventil schafft, durch das sie wieder roh in die Gesellschaft eintreten kann. Ein Ventil konzentriert die Gewaltentladung auf einen Punkt: auf das Ghetto, das Pogrom, die Jagd auf einzelne Sündenböcke.

Manchmal stellt sich die Frage, ob nicht gerade die Schwächung des Kultus in den christlichen Traditionen dazu beigetragen hat, daß die Praxis der christlichen Gesellschaften über die Jahrhunderte so gewalttätig wurde und zu so explosiven Exzessen neigte.

Doch dazu später mehr. Hier reicht es zunächst einmal festzustellen: Erst nach der Phase der Endzeiterwartungen, der urchristlichen Gütergemeinschaften, der Mönche und Märtyrer, also spätestens im fünften Jahrhundert nach Christus, mutierte das

Christentum zur Religion – mit all der Macht, die Religionen besitzen. Es bediente das Bedürfnis nach Identität und Erwählungsgewißheit des christlichen Abendlandes, es bediente das Schutzbedürfnis der Menschen in unsicheren Zeiten durch die Zugehörigkeit zu einer stabil geordneten Religions- und Kultgemeinschaft. Kultisch war es eher schwach, aber mehr und mehr schaffte es sakral legitimierte Objekte und Adressen für die sich aufstauende Gewalt in den christlichen Gesellschaften. Es besaß Feindbilder nach außen wie nach innen: Heiden und Hexen.

Zum Prozeß der Religion-Werdung des Christentums gehört die Ausbildung einer strengen innerkirchlichen Hierarchie. Ist die Hierarchie erst einmal dauerhaft installiert, ist meistens auch die innergesellschaftliche Gewalt erfolgreich reguliert. Die Schlüsselgewalt über die Organisation des Gewaltpotentials in den christlichen Gesellschaften erhält zunehmend das kirchliche Lehramt mit einem ausgeklügelten System von Rechtsprechung, Verwaltung und Gerichtsbarkeit. Exemplarisch drückt sich das Rechtsempfinden der Religionsgemeinschaft Christentum in der Instanz aus, die in der Zeit der Inquisition zu trauriger Berühmtheit gelangte: dem Großinquisitor. Der Großinquisitor ist eine Symbolfigur – so hat ihn auch Werner Bergengruen in seiner berühmten Novelle gezeichnet. Es ist die Figur eines Macchiavelli in violetter Robe, eines Nihilisten im Vatikan, ebensogut läßt sich aber auch sagen: eines Rechtspolitikers und Humanisten im Herzen der Finsternis.

Realistisch an der literarischen Figur des Großinquisitors ist, daß sie genau den dualistischen Charakter religiöser Macht kennzeichnet. Woher hat der Großinquisitor seine Macht? Aus dem kirchlichen Lehramt, das mächtiger ist als jedes Gericht, weil es die Teilung der Gewalten nicht kennt und auch Zugriff auf die Ewigkeit hat. Warum ist er sich seiner Macht so sicher? Weil er weiß, daß der historische Jesus, der Prophet der Gewaltfreiheit, der das Heilige entsakralisiert und entdämonisiert hatte, nicht wiederkommt. Warum ist seine Macht wirksam, und das ohne äußere Machtmittel, Waffen oder Soldaten? Weil er mit der ewigen Verdammnis die Menschen mehr verunsichern und erschrecken kann als jede irdische Macht. Warum braucht er – vorerst – keine Rebellion gegen diese Macht zu fürchten? Weil er mit der Aussicht auf das ewige Heil ein größeres Glücksversprechen anzubieten hat als jede irdische Wohlfahrtsverheißung.

Karl Marx hat die Religion das »Opium des Volkes« genannt. Damit hat er die wirkliche Macht der Religion noch nicht benannt. Religion ist zwar – gelegentlich – auch Rauschmittel. Davon zeugen nicht nur die Kirchenmusik, von der Gregorianik bis zu Bach, sondern auch die Fresken in den italienischen Basiliken und das Licht, die Farben und Gerüche der gotischen Kirchen. Aber ihre wirkliche Macht über das Alltagsleben hat die Religion, weil sie, neben dem Angebot von Wasser und Brot, auch den ebenso realen Durst und Hunger der Seelen der Menschen stillt. Religion ist eine Antwort auf die Chaos-Ängste und auf das, gerade in Krisenzeiten, anwachsende Bedürfnis nach Sicherheit und Sinn des Lebens. Aus all diesen Ingredienzien ist die Macht und das Herrschaftswissen des Großinquisitors gemacht.

So alt wie die Religionskritik selbst ist der Einwand, die Religion habe mit ihrer Macht mehr Gewalt erzeugt als gebunden. Dem ist schwer zu widersprechen, wenn man die Kreuzzüge und Religionskriege, die Judenpogrome, Hexen- und Ketzerverbrennungen im Gedächtnis behält, die alle im Namen des Christentums geschahen. Kirchenfunktionäre kooperierten beim Sklavenhandel, beim Segnen der Waffen und bei den Missionskampagnen im Gefolge der großen Eroberungs- und Kolonisationsbewegungen, die vom »christlichen« Abendland oder vom Islam ausgingen. Beide Religionen sahen auch keine größeren Probleme darin, Andersdenkende zu quälen und zu verfolgen. Zum Widerruf ihrer Erkenntnisse und Überzeugungen wurden Künstler und Wissenschaftler gezwungen, von den Tagen Galileo Galileis bis zu denen von Salman Rushdie. Nein, besonders gewaltarm ist die Geschichte der Religionen nicht.

Aber auch die Gegenfragen haben Gewicht: Kommt die Gewalt wirklich ursächlich aus der Religion oder nicht eher aus der Gesellschaft selbst? Wenn sie aber tatsächlich aus der Religion kommt, warum gelingt die Entdämonisierung so wenig in völlig säkularisierten Kulturen? Gibt es nicht geradezu eine Gewaltakkumulation in den Gesellschaftsexperimenten, die sich so besonders bemühten, Religionen zu beseitigen, wie der Faschismus und der Sozialismus? Und weiter: Wenn die Gewalt nicht aus der Religion kommt, besteht womöglich ein Zusammenhang zwischen der Intensität der Veränderung und der Leistungssteigerung einer Gesellschaft und der Notwendigkeit, Gewalt auf bestimmte Feindbilder und Aggressionsziele abzulenken? Ist die Religion dabei behilflich, eine solche Adresse der Gewaltentladung zu legitimieren, oder ist sie selbst die Posaune des Angriffs? Entsteht Fanatismus und Fundamentalismus aus religiösen oder aus sozialen Wurzeln? Und, schwierigste aller Fragen: Wie kann eine Gesellschaft aus eigener Kraft und mit säkularen Mitteln die Gewalt bändigen, die die Religionen nur unvollkommen binden können? Gibt es einen Pazifismus ohne Religion?

Zentralgewalt und Schutzgewalt:
Der Ursprung des Staates

So kompliziert und arbeitsteilig moderne Staaten auch aufgebaut sind – sie haben im Kern immer mit den Urproblemen der Menschheit zu tun, die sich im wesentlichen auf drei Grundaufgaben reduzieren lassen:
1. Sicherung der Ernährung und der Generationenfolge,
2. Verteidigung in Bedrohungssituationen,
3. Herausbildung von Normen für das gemeinsame Verhalten und deren verbindliche Durchsetzung.

Mißlingt die Bewältigung auch nur einer dieser Bereiche, gerät jedes Gemeinwesen in eine erhebliche Legitimationskrise.
Alle Staaten der Welt bemühen sich bis heute, diesen Minimalkodex an staatlicher Grundversorgung zu erfüllen. Nicht einmal Diktaturen können auf Dauer dagegen verstoßen. Wenn das Bewußtsein dafür verfällt, so entsteht für die Menschen ein Sicherheitsproblem, was gleichbedeutend ist mit einem Anwachsen der Gewalt und des Chaospotentials. Die zentrifugalen und destruktiven Kräfte wachsen an, sehr bald ist davon auch die zentrale Machtinstanz der Gruppe oder der Staaten tangiert.
Heinrich Popitz [9] hat diese Grundaufgaben der Staatsorgane den drei Archetypen politischer Macht zugeordnet: Patriarch, Heerführer, Richter. Der Patriarch sorgt für das Leben und Überleben der Großfamilie, der Sippe, des Stammes. Der Heerführer bewährt sich in der Abwehr äußerer Gefahren und bei allen kriegerischen Händeln und Stammesfehden. Der Richter reglementiert die Gewalt und das Sozialverhalten in der Gruppe, setzt Normen und sorgt für deren Einhaltung. Insbesondere unterbindet er das Ausbrechen der Blutrache. Im übertragenen Sinne finden diese drei Archetypen auch in jedem heutigen Regierungshandeln ihre Entsprechung. Da werden dann die »patriarchalischen« Tätigkeiten den Bereichen

Wirtschafts-, Sozial- und Finanzpolitik, die des »Heerführers« der Außen- und Verteidigungspolitik und die des »Richters« der Innen- und Rechtspolitik zugeordnet.

In der Nomadenkultur sind alle drei Funktionen noch in einer Hand vereinigt. Davon ist die Tradition und Politik Afrikas mit der einzigartigen Autorität der Stammesführer bis in die heutige Zeit geprägt, wie das Beispiel Nelson Mandelas zeigt. Auch die orientalischen Kulturen des Zweistromlandes, der Wiege dreier Weltreligionen, überliefern in den frühen Texten die Vereinigung der politischen Archetypen in einer ehrfurchtgebietenden Gründergestalt.

Diese Einheit in der Person eines archaischen Nomadenführers ist wiederum exemplarisch nachlesbar in den Mosesgeschichten des Alten Testaments: Moses führt sein Volk aus der Knechtschaft, er ist der Heerführer in allen Schlachten und Auseinandersetzungen mit dem Pharao Ägyptens, der das Volk Israel nicht ziehen lassen will. Er ist aber auch der Gesetzgeber, der am Berg Sinai die Gesetzestafeln erhalten hat, für deren Durchsetzung er weitere Richter einsetzt. Und er ist der Patriarch, mit dessen gefahrenumwobener Geburt – versuchter Kindesmord, Aussetzung und wundersame Rettung sind ein beliebtes, wiederkehrendes Motiv bei Stadt- und Staatengründern – die Geschichte eines neuen Volkes beginnt, das sich aufmacht, ein Land zu suchen, »in dem Milch und Honig fließen«.

Einmal kommen die großen Wanderungen ans Ziel. Mit der Seßhaftigkeit beginnt die Arbeitsteilung in einer Ackerbaukultur, die es auch notwendig macht, daß die gemeinschaftsleitenden Funktionen aufgeteilt werden. Alles, was sich ändert in den Traditionen der Völker, hat meist nachvollziehbare Gründe, die nur nicht immer für uns Heutige sofort entschlüsselbar sind. Angesichts der Mobilität und der Unsicherheit eines umherziehenden Nomadenstammes war es vernünftig, die Autorität und Weisheit des Patriarchen, die Anrufung der mitziehenden Gottheit, die

Rechtsprechung in Alltagsstreitigkeiten und die Lagebesprechung bei kriegerischen Auseinandersetzungen in einem einzigen Zelt zu vereinigen. In Zeiten der Verwurzelung an einem Ort, in Gesellschaften, bei denen Ackerbau, Viehzucht und Handel wachsenden Wohlstand garantierten, war das der gewachsenen Macht der »Zentralgewalt« nicht länger angemessen. Die ursprüngliche frühe »Teilung der Gewalten« ist dann räumlich so zu lokalisieren: Da ist der Platz für das lokale Heiligtum, da ist die Hütte des Patriarchen, und da ist der Platz »vor den Toren« für den Rat der Ältesten. Was vor den Toren des Dorfes stattfand, Rechtsprechung wie Steinigung, war in aller Regel das Zugeständnis an die älteren Traditionen aus der Nomadenzeit.

In den hochentwickelten Stadtstaaten Israels, Mesopotamiens, Babylons und Persiens wird daraus dann ein Dualismus, der dem Dualismus im europäischen Mittelalter gar nicht unähnlich ist: Thron und Altar, Staat und Kirche, Religion und weltliches Regiment. Allerdings: Das römische Reich unter Augustus vereinigt noch einmal alle drei Funktionen in der Hand des Kaisers, des praeceptors. Es ist eine Konzentration der Macht, unter der die innergesellschaftliche Gewalt erheblich zunimmt und ständig zum Aufruhr tendiert. Der römische Staat fürchtet diese Gewalt und unternimmt alles, um sie in die Arenen oder außerhalb der Grenzen des Reiches zu verlagern – bis Konstantin zum Christentum übertritt und damit die Macht der Kirche neu begründet. Es beginnt das konstantinische Zeitalter mit seinem stabilen Kräftegleichgewicht und seinen »zwei Reichen«. Dieser Dualismus bleibt lange Zeit das vorherrschende Modell für die Organisation der Macht und die Teilung der öffentlichen Gewalt.

Innerhalb dieses Systems der Teilung der Macht nach der dualen Logik fällt die Funktion des Heerführers in Eroberungsfeldzügen und in Verteidigungskämpfen natürlich dem Kaiser, der weltlichen Macht, zu. Auch die Bedingungen für die Kontinuität in der Generationenfolge, das Patriarchenamt, ist Sache des weltlichen Arms.

Die Wahrung des Rechts aber, die Normensetzung und ihre Durchsetzung, bleibt Sache der Kirche. Immer wieder wird darum gestritten, wieweit dies das volle Richteramt mit einschließt. Zur Zeit der Inquisition eroberte sich die Kirche einen solchen Machtzuwachs, daß sie allein als letzte Instanz über Tod und Leben entscheiden konnte.

Die Blockkonfrontation von Staat und Kirche – oder: Dualismus heißt Stabilität

Das Zeitalter des Heiligen Römischen Reiches Deutscher Nation ist geprägt von dem ständigen Kampf zwischen den beiden »Supermächten«, Kirche und Staat, Papst und Kaiser: Im Investiturstreit behauptet die Kirche für sich eine Dominanz auch über Ein- und Absetzung der weltlichen Macht, indem sie Kaiser und Könige auf den päpstlichen Segen und das Gottesgnadentum verpflichtet und sie bei Fehlverhalten mit Acht und Bann zum »Gang nach Canossa« nötigt. Die weltliche Macht wehrt sich, sie benennt eigenständig Päpste, besticht Bischöfe mit Latifundien, die sie, bei Bedarf, wieder mit Waffengewalt an sich nimmt.
Es bleibt festzuhalten: Die »Balance of Power« der mittelalterlichen Blockkonfrontation von Kirche und Staat erzeugte – das hat sie mit der modernen Epoche des Kalten Krieges und der Blockkonfrontation der beiden Supermächte gemeinsam – lange Zeit stabile Verhältnisse. Das Ergebnis auf der Ebene der Besitzverhältnisse: Vor der Reformation gehörten der Grund und Boden in ganz Europa je zur Hälfte den beiden Machtgiganten. Das wurde nicht der geringste der Gründe für die reformatorischen Neigungen vieler Landesfürsten und Bürgerstädte.
Die arbeitenden Schichten hatten also stabile Verhältnisse, aber sie hatten auch zwei gewaltige »Mächte« auszuhalten. Warum aber haben die Bauern diesen Machtzuwachs ihrer doppelten Herrschaft überhaupt geduldet? Warum haben sie, die durchaus mit Äxten und Speeren umzugehen verstanden, überhaupt zugestimmt, daß der von ihnen urbar gemachte Boden dem einen oder anderen Lehnsherren zugeordnet und damit abgabenpflichtig wurde? Und warum haben die Bürger sich zur Ausübung ihrer Handwerke und Handelsgeschäfte ausgerechnet in den Schutz eines Bischofs oder Fürsten begeben, wenn

sie doch dafür einen erheblichen Teil ihrer Einkünfte bezahlen mußten?
Die Antwort ist einfach: wegen der Gewalt. Es gäbe überhaupt keine dauerhafte gemeinschaftliche Organisation von Menschen, wenn es die Gewalterfahrung nicht gäbe. Wenn das schon für den sozialen Bereich gilt, dann gilt es noch viel mehr für den politischen: Es gäbe keinen Staat und keine auf Dauer akzeptierte Herrschaft ohne die Erfahrung von Gewalt und Chaos im Menschheitsgepäck.
Es gehört zu den Gefahrenmomenten im heutigen Europa, daß der durchschnittliche Mitteleuropäer, kurz vor der Jahrtausendwende, diese Grundausstattung an Warnsignalen kaum noch mit sich trägt. Dabei könnte ein Blick auf die aktuelle Situation in Somalia, Burundi und Ruanda in Afrika oder auch ein Blick in den Kaukasus, den Balkan schnell die verlorenen Erinnerungen auffrischen. Leicht gewinnt sich daraus die Einsicht, was einen Bauern und Bürger eines beliebigen europäischen Landstrichs tausend Jahre zuvor bewogen haben mochte, viel dafür zu bezahlen, daß eine staatliche Macht ihn schützte. So unterschiedlich ist das Motiv nicht im Vergleich zu den heutigen Kaufleuten Moskaus, die aus demselben Sicherheitsmotiv heraus Schutzgelder an die Mafia zahlen. Damals gab es vieles, vor dem man geschützt zu werden wünschte: Völkerstämme, die über den Kontinent zogen, marodierende Söldnertruppen, Ritter, die gerade nicht für Kriege gebraucht wurden, Fürsten, die für allerlei Eroberungszüge Soldaten suchten und überall rekrutierten, »überzählige« Menschen, die vor Epidemien, Hungersnöten, Kriegswirren auf der Flucht waren, schwärmerische, religiöse Radikale, die erneut das Weltende erwarteten, päpstliche Gesandte, die Gelder für diverse heilige Anlässe einzutreiben versuchten, Handelskarawanen auf der Suche nach neuen Märkten, dazu allerlei deklassiertes Volk, ihnen beständig auf der Spur.
Zentralgewalt ist Schutzgewalt. Dem Bauern, den sein Feudalherr dauerhaft vor unliebsamen Überfällen, vor Raub und Brandschat-

zung, schützte, dem mußte der »Zehnte« als eine wahrhaft mäßige Steuerquote erscheinen. Und wenn er dazu noch durch gelegentliche Spanndienste am Gutshof vom Kriegsdienst freikam, den wiedererkennbare Soldaten – daher die Uniform – dauerhaft für ihn verrichteten, so mußte ihm das zunächst als ein fairer Vertrag erscheinen. So jedenfalls am Anfang, als das Feudalrecht Züge eines Gesellschaftsvertrags trug und der Zehnte als angemessener Preis für die Freiheit erschien, das Land dauerhaft und in Frieden bebauen zu können. So blieb die Feudalordnung auch weitgehend intakt, bis die Last für die Bauern einfach zu groß wurde durch den zahlenmäßig stark anwachsenden Feudaladel, die kaiserlichen Kriegskosten und die übermäßigen Ansprüche der Kirche.
Im Europa des ausgehenden 15. Jahrhunderts stimmte das Verhältnis der produktiven Klasse zur verwaltenden »Funktionärsschicht« von Kirche und Staat nicht mehr – neben den zu hohen Militärausgaben war die Bürokratisierung schon immer das zweite Grundübel gesellschaftlicher Entwicklung. Immer mehr Menschen versuchten, sich den gesteigerten Abgaben und der Gewaltandrohung zu entziehen und drängten in die Bürgerstädte, die mehr Schutz, mehr Existenzsicherheit und mehr Überlebensgarantien boten als das offene Land.
So wurde die Angst vor der Gewalt und das Schutzbedürfnis wieder einmal zum Motor der Geschichte. Bis das Jahrhundert der religiösen Befreiungskriege und der Bauernkriege begann, das den ganzen Kontinent vollständig in Anarchie und Chaos zu stürzen drohte. Wir nähern uns damit dem Zeitalter der Reformation und ihrer problematischen Folgen.

Wie kommt die Gewalt unter die Gerechten?

Wir werden Menschen sein. Wir werden es sein, oder die Welt wird dem Erdboden gleichgemacht bei unserem Versuch, es zu werden! ...

So stand es mit kräftigen Lettern über die ganze Breite der weißgetünchten Wand geschrieben, irgendwo in einer Berliner Wohngemeinschaft, in den wilden Jahren der Studentenbewegung. Ein altes Photo in Schwarzweiß. Unter der Inschrift waren eine junge Frau und ein junger Mann zu sehen, eng umschlungen, selbstverloren tauchten sie aus einem Matratzenlager auf. Sie merkten nicht die unterschwellige Drohung, die in der Schrift an der Wand verborgen war. Macht kaputt, was Euch kaputt macht! Das hieß zugleich: Nach uns die Sintflut!

Jede Revolution beginnt mit dem Traum vom neuen Menschen, mit der visionären Neuschöpfung. Und sie beginnt mit der Todeserklärung für die alte Gesellschaft, was die Bereitschaft, als Kämpfer für die gerechte Sache das eigene Leben zu riskieren, mit einschließen kann. Nur die Mischung aus beidem ergibt das notwendige Pathos, um sich weit genug vom Bestehenden wegzukatapultieren, um nicht länger in den Stricken des Herkömmlichen gefesselt zu bleiben. Die vorgefundenen Verhältnisse – die alte Ordnung, das verhaßte System, das Gesetz, der bürgerliche Mensch – müssen erst im Kopf zu Nichts werden, bevor sie angegriffen und vernichtet werden können. Es ist eine Art Voodoo-Zauber, der am Anfang jeder Revolution steht. Es ist auch eine Überwindung herkömmlicher Ängste und Handlungsbarrieren. Verzweiflung, Ausweglosigkeit und moralische Empörung erleichtern den Sprung über die Grenze zur Illegalität. »Der Gesetzesbruch ist die Revolution an sich«, schrieb Ulrike Meinhof 1968 über die Frankfurter Kaufhausbrandstifter, die mit ihrer Tat ein Fanal gegen den Vietnamkrieg setzen wollten. Zu dieser Zeit probte die Hamburger

Kolumnistin bereits in ihrem eigenen Kopf den Absprung aus der bürgerlichen Existenz.

Die Revolutionäre des Mittelalters hießen Ketzer (ursprünglich = die Reinen) oder Häretiker. Sie legitimierten ihre Revolutionen immer mit der Berufung auf die reine, unverfälschte Lehre und mit der Kritik an den sozialen Mißständen innerhalb der Kirche. Der Verweis auf die Bibel war für den eigenen Aufbruch nötig, zugleich war er gesellschaftlich sehr erfolgreich. Mit dem Bezug auf die Gründungsurkunden des Christentums hatten die Gruppen der Erneuerer selbst einen revolutionären Text in der Hand. Dazu war er noch allgemeinverständlich und lieferte die entscheidende dritte Instanz im Protest gegen das kirchliche und das weltliche Regiment. Wem ein Verstoß gegen die Gründungsgeschichte des Christentums nachgewiesen werden konnte, der mußte sich in acht nehmen. So versuchten die Ketzergruppen die Inquisition umzudrehen: Der Verräter sitzt in Rom, da müßt ihr ihn suchen!

Wenn der Bußruf in der laugewordenen Kirche Gehör fand, wenn die Päpste die unruhigen Radikalen integriert und als neuen Mönchsorden der Sancta Ecclesia einverleibt hatten, war die Wirkung auf die Großorganisation erheblich. Mit ihren Armutsforderungen erneuerten die Franziskaner im 12./13. Jahrhundert einen bequem und müde gewordenen Klerus und verliehen ihm eine neue Faszination für die jeunesse dorée Oberitaliens. Die Dominikaner modernisierten die genossenschaftliche Tradition der Congregationen und brachten brillante Redner und Intellektuelle hervor. Die Jesuiten eroberten mit ihrem missionarischen Elan ganze Landstriche für den katholischen Glauben zurück, die an die Reformierten gefallen waren. Die anfangs verketzerten Bewegungen wurden so zum zentralen Medium gesellschaftlicher und kirchlicher Reformen. Alles in allem haben sie nicht wenig zum Bestand von Kirche und Staat beigetragen.

Aber nicht alle Reformer wurden integriert, und nicht alle Päpste waren so weitsichtig, eine Revolution in eine umfassende Kirchenreform münden zu lassen. Besonders die schwärmerischen Radikalen, die ein baldiges Weltende erwarteten und extrem rigide Forderungen an den neuen Menschen stellten, wurden von der Kirche blutig verfolgt, so die Waldenser und Albigenser, die Gefährten von Jan Hus (1369-1415) oder von Hieronymus Savonarola (1452-1498). So merkwürdig es ist: auch sie haben die Kirchen erheblich beeinflußt und wieder für die ärmeren Schichten sensibilisiert. Nicht wenige von diesen früheren Häretikern wurden deswegen auch in einer späteren Etappe der Kirchengeschichte zur Heiligsprechung vorgeschlagen – selbst wenn sie vorher auf dem Scheiterhaufen verbrannt worden waren. Dramatisch aber ist die Entwicklung der Radikalen selbst. Unter dem Druck der Verfolgung entwickelten sie sich allesamt zu Sekten von extremer Intoleranz. Je größer der Außendruck auf die kleiner werdende Gruppe, um so größer der Binnendruck. Unter den letzten Getreuen wurde der moralische Zwang immer rigider, immer tyrannischer das Bestreben, Verräter in den eigenen Reihen auszumachen. Die Führer der Geächteten wurden oft zu Despoten. Gewalt gebiert Gewalt – zuviel Moral auch.

Es scheint ein Gesetz der Geschichte zu sein: Revolutionen dürfen nicht siegen, wenn sie ihre größte Wirkung entfalten sollen. Es ist die Niederlage, es sind die Märtyrer, die Jeanne d'Arc, Thomas Müntzer, Jan Hus, Che Guevarra, die den Revolutionen einen besonderen Platz im Gedächtnis der Völker erobern. Der namhafte Revolutionär, der im Bett stirbt, war meistens ein Tyrann, wie Stalin oder Mao Tse-tung – oder er ist ein Zyniker wie Fidel Castro, der mit den Jahren im Kampfanzug vergreist.

Revolutionsgeschichte ist immer auch die Geschichte von Schreckensregimen. Besonders die Gruppen, die sich auf die Freiheit eines Christenmenschen beriefen, haben sich darin hervorgetan, rigoros die köstlichen Freiheiten einzuschränken, die die Gläubigen sich erhofften. Darin ähnelten sie späteren politischen Bewegungen, die auch zum Zwecke der Befreiung des Menschengeschlechts Dik-

taturen ausriefen und für höhere Zwecke Blut vergossen. Die Kirchenordnung Calvins in seiner zweiten Genfer Zeit ist ein Musterbeispiel an Tugendterror, sie enthält ein ganzes Arsenal von hochnotpeinlichen Sanktionen, bis hin zur Todesstrafe bei geringen Vergehen.
Die Wiedertäufer von Münster waren längst ein blutiges Regime geworden, bevor sie selbst in einem Blutbad niedergemetzelt wurden. Der Puritaner Oliver Cromwell radikalisierte die Gewissensentscheidung dermaßen, daß er seine Mitkämpfer, jeder Mann ein Panzer, zum Königsmord führte. Den Körper des Königs anzutasten, war ein beispielloses Verbrechen, das die Menschen mit einem Schrecken erfüllte, den wir uns heute kaum mehr vorstellen können. Cromwell wurde dann selbst ein Lordprotektor von diktatorischem Zuschnitt.
Wie kommt die Gewalt in die Gruppe der Gerechten? Woher kommt soviel Gewalt bei soviel wunderbaren Utopien und bei soviel investierter Moral? Das ist eine nicht leicht zu ergründende, eine höchst aktuelle Frage.
Es muß etwas mit der Dynamik der Prozesse und mit dem Binnendruck der revolutionären Gruppen zu tun haben. Zeiten der Häresie sind immer unruhige Zeiten, es sind Zeiten verschärfter Rivalitäten und Feindbilder. Revolutionäre mobilisieren eine besondere Energie, um sich aus ihren herkömmlichen sozialen Gruppen zu lösen. Nicht selten neigen sie zu Dämonisierungen und Obsessionen. Auch trainieren sie regelrecht den Bruch mit der Tradition und den überlieferten Identitäten, um nicht von Ängsten aufgehalten zu werden. Einmal aufgebrochen, können sie selten zurück.
Radikale verlieren ihre Wurzeln. Als mutige Einzelne im Widerspruch verlassen sie ihre Herkunftsgruppe, im Kollektiv wird ihnen diese Fähigkeit geradezu zum Hindernis. Explodierende Egos sind selten sozialverträglich. Gleichzeitig sind sie einer ständigen kollektiven Aggression durch ihre Umwelt ausgesetzt, die sich durch die revolutionäre Gruppe und ihren Avantgardeanspruch real oder

moralisch bedroht und in Frage gestellt fühlt. Diese Ablehnung durch die soziale Umwelt verstärkt den Dogmatismus nach außen und die Rivalität und Gnadenlosigkeit im Innern. Ein Teufelskreis.
Ein Hauptmotiv dieser Revolutionäre war die radikale Erneuerung der Großgruppe, die sie als einzelne verließen, um sie dann zusammen mit anderen wachzurufen, aufzurütteln und zu einem Neuanfang zu motivieren. Die meisten von ihnen begannen als Romantiker, als Moralisten, als Schwärmer und Freigeister. Sie endeten, falls sie nicht früh zu Märtyrern wurden, in der Regel als Sektierer, Dogmatiker und als intolerante Kontrolleure ihrer Mitmenschen.
Dieses Revolutionsmodell, das seine Hauptwirkung in der prophetischen Wirkung auf Kirche und Staat und letztlich in deren Reformation sah, gab es, grob gesehen, bis zur französischen Revolution. Dann trat eine ganz andere Gruppe von Revolutionären auf den Plan.
Seit dem 19. Jahrhundert gibt es in der entwickelten bürgerlichen Gesellschaft den Revolutionär als Beruf. Die neuen Revolutionäre wollten nicht länger nur Grundkonsense und Moral erneuern, Menschen und Systeme zur Buße aufrufen. Sie wollten alles: den ganzen Staat und die ganze Macht. Man lernte, Revolutionär zu sein, wie man ein Handwerk oder einen Staatsberuf erlernt. Die Berufsrevolutionäre wußten, daß sie einen Stab von Intellektuellen brauchten, und vor allem eine Organisation, eine Partei. Bücher und Zeitungen spielten eine große Rolle als Transmissionsriemen zu den Volksmassen. Für die Revolutionäre der Pariser Kommune wie für die Bolschewiki, die sich in Zürich um Lenin systematisch auf den Tag X vorbereiteten, war klar, daß zum Beruf Revolutionär auch die Grundausstattung mit einer neuen Gesellschaftsordnung, dem Fahrplan für die Volksherrschaft oder für die Diktatur des Proletariats gehörte. Auch ein Religionsersatz mußte her, eine Ideologie, die ebenso einfach zu verstehen und ebenso mitreißend sein sollte wie die Evangelien in den Interpretationen von Thomas Müntzer und Jan Hus. Der Prozeß der Umwertung der Werte ist

ein Prozeß des Umlernens bisher erworbener Zivilisationstugenden und einer völlig neuen Verhaltensnormierung. Cromwell wußte noch von dem Fluch über den Königsmörder, die Französische Revolution köpfte Könige und Adlige schon in solchen Ausmaßen, daß die Guillotine nicht mehr kalt wurde. Die Jakobiner haben zum Ruhm der Revolution sogar Freunde und ehemalige Vertraute bis zum Überdruß hingerichtet. Die Bolschewiki morden gleich alle Mitglieder der Zarenfamilie und reihenweise innerparteiliche Mitkonkurrenten. Auch die Revolutionäre des jungen Amerika waren nicht zimperlich, wenn es ums Töten im großen Stil und für irgendeinen vermeintlichen zivilisatorischen Fortschritt ging. Sie alle fanden im 20. Jahrhundert in den Faschisten und Stalinisten ihren Meister, die ganze Völker oder soziale Schichten vernichtet haben.

Es ist Zeit, von der Romantik der Revolution endgültig Abschied zu nehmen. Sie übersteht selten die Phase des charismatischen Anfangs. Revolutionen werden, sobald das erste Blut geflossen ist, entgrenzt und wandeln sich zu gigantischen Menschenopferzeremonien, meist mit willkürlich und zufällig ausgewählten Opfern. »Tatsächlich brauchen die Opfermechanismen die Dunkelheit, um die Welt zu verändern.«[10]

Und doch entstand im zwanzigsten Jahrhundert ein Typ revolutionärer Gesellschaftsveränderung, der weder die Dunkelheit, noch die Opfer sucht. Seit 1989, als sie das ganze sowjetische Weltreich fast ohne Blutvergießen zum Einsturz brachte, wird sie die »friedliche«, die »sanfte Revolution« genannt. Dieses Gegenmodell fundamentaler Gesellschaftsveränderung folgt den Vorbildern der gewaltfreien Bewegungen eines Ghandi, eines Martin Luther King und eines Nelson Mandela. Und diese wiederum folgten den Lehren eines Tolstoi und eines Thoreau. Wir werden im zweiten Teil dieses Buches noch genauer darstellen, worin die Macht dieser Bewegungen liegt und was sie von den blutigen Revolutionen der Neuzeit unterscheidet, die die europäische Geschichte bis dahin geprägt hatten.

Gewalt in der Arena: blutige Spiele [11]

Es gibt Rätsel, die zu lösen nie ganz gelingt. Das gilt besonders für eine der Gründungsepochen der europäischen Zivilisation, für das römische Kaiserreich und dessen exzessive Gewaltbereitschaft. Wofür brauchte das Imperium Romanum die Arena? Warum war es fast süchtig nach den Gladiatorenspielen (munera), dieser maßlosen öffentlichen Schlächterei, die mehr als ein halbes Jahrtausend lang nicht zu stoppen war? Wie konnte diese Ungeheuerlichkeit existieren im Zentrum eines kultivierten Weltreichs, das die damals bekannte Welt vergleichsweise gesittet mit der Pax Romana und der Selbstverpflichtung zur Vertragstreue regierte? Wie konnte dies Morden Bestand haben neben dem römischen Recht, das bis heute das europäische Rechtssystem prägt? Wie konnte es in Einklang gebracht werden mit dem Geist der Römischen Republik, die so stolz war auf ihre Bürgerfreiheiten und das Prinzip religiöser Toleranz? Wie vertrug es sich mit der römischen Philosophie und mit den stoischen Idealen von clementia und humanitas?
»Um die Mitte des 3. Jahrhunderts v.Chr. übernahmen die Römer von ihren etruskischen Nachbarn den Brauch, bei Totenfeiern für bedeutende Männer bewaffnete Kriegsgefangene auf Leben und Tod miteinander kämpfen zu lassen. Die Römer jedoch faszinierte daran weniger der fromme Zweck als vielmehr das Spiel mit dem Tod, das Sensationelle. Und so entwickelte sich bei ihnen aus dem religiösen Leichenschaukampf etwas ganz anderes, eine Institution, die in der Geschichte der Menschheit kein Gegenstück hat: das römische Gladiatorenwesen. Hinter diesem Begriff verbirgt sich eine gigantische Vergnügungsindustrie, die schließlich Hunderttausende von Menschen beschäftigte und Unsummen verschlang. Ihre Aufgabe war es, im ganzen Römischen Reich eine Art Zirkusspiele für alle mit einem möglichst abwechslungsreichen Programm zu organisieren: Spiele, deren größte Attraktion der

Kampf auf Leben und Tod war. Zu diesem Zweck steckte man Gefangene, Sklaven und Verbrecher, später auch Freiwillige in Uniformen, ließ sie von Fechtlehrern zu ›Gladiatoren‹ ausbilden und hetzte sie unter den Augen der Zuschauer gegeneinander, bis Blut floß und der Unterlegene unter den Händen des Siegers sein Leben aushauchte.
Diesem römischen Gladiatorenwesen fielen im Laufe der Jahrhunderte Millionen von Männern und Frauen zum Opfer. Sie starben – oft zu Hunderten an einem einzigen Tag und Ort – auf öffentlichen Plätzen, in Theatern, in Rennbahnen und in den Arenen der eigens für den Gladiatorenkampf errichteten Amphitheater. Mit ihnen verendeten unvorstellbare Mengen wilder Tiere, die von einer Armee von Tierfängern angeliefert wurden, bis rings um das Mittelmeer viele Arten ganz oder teilweise ausgerottet waren.«[12]
Die römischen Herrscher waren nicht die ersten, die darum wußten, daß sich von Zeit zu Zeit in der Bevölkerung Aggressionen aufstauen, denen man ein Ventil verschaffen mußte, sollten sie sich nicht gegen die eigene Machtstellung oder das Gemeinwesen richten. Zorn macht eben blind. Da aber der Zorn blind macht, ist er auch zu betrügen oder abzulenken. So kannte selbst die Athener Republik zur Zeit der »Klassik«, im 5. Jahrhundert v. Chr., eine Institution mit dem bezeichnenden Namen »Pharmakos«. Der Pharmakos war in der Regel ein abgeurteilter Verbrecher, der auf Staatskosten in der Nähe der Agora gehalten wurde. Brach ein Aufstand aus, traf ein Unglück die Stadt, so mußte er als Opfer für die Götter oder für die aufgebrachte Menge zur Verfügung stehen. Viel spricht dafür, die berühmte Dialogszene aus Platons Phaidon auf dem Hintergrund jener Institution des Pharmakos zu interpretieren. Sokrates, der den Schierlingsbecher auf Geheiß des Rates der Stadt trinkt, versteht sich in der Rolle dieses Pharmakos, er erweist mit seinem Tod der Idee der guten Ordnung der Stadt einen letzten Dienst. Fast vergleichbar der berühmten Antwort des Kaiphas an Pilatus: »Es ist besser, ein Mensch stürbe für das Volk, als daß das

ganze Volk verderbe«, wählt auch Sokrates den Bestand von Recht und staatlicher Ordnung anstelle seines subjektiven Rechtsverständnisses, um schlimmeres Unheil zu verhindern. »Wird das Bedürfnis nach Gewalt nicht gestillt, sammelt es sich weiterhin an, und zwar bis zu jenem Moment, wo sie überbordet und sich mit vernichtender Wirkung in ihre Umgebung ergießt. Daraus ergeben sich spontane Verschiebungen und Stellvertretungen, die das Opfer zu beherrschen und in die ›gute‹ Richtung zu lenken sucht.«[13] Der Pharmakos ist also eine Ersatzadresse für die geballte Aggressivität der Stadt, bevor alles zu spät ist.

Der Pharmakos, der Sündenbock für den äußersten Notfall, trat erst auf den Plan, wenn die Verarbeitung der öffentlichen Gewalt im Kult mißlang und aus dem Spiel Ernst wurde. Die erste Adresse für die Verarbeitung von öffentlichen Leidenschaften, Trauer und Zorn war in der griechischen Welt das Theater. Auch die großen Tragödien der klassischen Zeit haben nichts anderes zum Inhalt als Gewaltgeschichte und Gewaltabwehr, die sich in den mythologischen Dramen zum Verhängnis, zu schicksalhafter Schuld verdichten. Lange vor unserer Zeit war das Theater damit ein Ort, an dem die Frage der Gewalt offen dargestellt wurde und nicht verdeckt, wie in den meisten Kulten. Die griechische Tragödie ist deshalb auch das erste Medium, das sich mit der hochaktuellen Frage beschäftigen mußte: Verstärkt die öffentliche Zurschaustellung von Gewalttaten im Theater die Tendenz zur Gewalt, oder hilft sie zu deren Bewältigung? Die Debatte über die Grenzen des Erlaubten war der Polis nicht fremd, was nichts mit Prüderie und wenig mit Zensur zu tun hatte. Es ging um die Sicherheit und das innere Gleichgewicht der Stadt.

Im griechischen Kulturkreis verkörpert das Schauspiel keine Scheinwelt und die Tragödie nichts Irreales. Im Gegenteil: Beide rufen etwas hervor, was (noch) nicht in die reale Welt eingetreten ist, aber doch jederzeit eintreffen könnte – was zumindest der Chor im Drama schon ahnt. So ist das Theater das humane Medium der

Gewalteingrenzung – bevor es zu spät sein könnte. Es ist ein Vorgriff auf die Bedrohung der Republik durch Rückgriff auf die Welt der Mythen und ihrer tragischen Helden und ahnungsvollen Orakel.

In Athen schlug das Herz der Republik auf der Agora, dem Marktplatz, und im Amphitheater. Agora und Amphitheater verkörperten Politik und Kultur, die Idee des Guten und die des Schönen. Beides war für die freien Bürger gedacht, beides strebte nach Maß und Vollkommenheit in Form und Ausdruck. Exzesse und Ekstasen dagegen gehörten zu den turbulenten Eskapaden der Götterwelt, von denen die Mythen erzählten. Die Menschen hüteten sich vor ihnen wie vor den Orgien des Dionysos und vor der Rache der Erynnien. Die aber suchten ihre Beute auf freiem Feld, außerhalb der geordneten Welt der Polis. Dort wird Orpheus, der Sänger aus Thrakien, von den Mänaden zerrissen.

In Rom war das anders. In Rom ereigneten sich die Gewaltexzesse im Zentrum der Stadt, in der Arena. Brot und Spiele wurden zum Inbegriff von Herrschaftskunst. Aber das Blut, das in der Arena floß, war echt. Das römische Imperium, das so stolz war auf seine Disziplin, seine überlegene Zivilisation und seine militärische Ordnung, leistete sich mitten in der Hauptstadt und in allen Verwaltungszentren des riesigen Reiches Stätten der permanenten zügellosen Grausamkeiten. Diese Spiele bekamen eine Eigendynamik, einen Sog zum ständigen Wachstum des Nervenkitzels und der perversen Lustbarkeiten. Seit dem zweiten Jahrhundert v. Chr. hätte kein Herrscher wagen können, sie zu verbieten. Die Sorge um genügend Nachschub für das öffentliche Spektakel wurde bald wichtiger als die Sorge um die Armee und um die Staatsfinanzen.

Wer unverständliche Traditionen entdeckt, die anstößig erscheinen, tut gut daran, nach einem Anfang zu suchen, wo diese Traditionen noch sinnvoll und gemeinschaftsstabilisierend waren. Sonst hätten sie sich vermutlich nie durchsetzen können, schon gar nicht über einen Zeitraum von 700 Jahren. Was war also die positive Leistung der Gladiatorenspiele für das Funktionieren des römischen Staates?

Die Gladiatorenspiele, wie sie von den Etruskern überliefert waren, hatten zunächst religiöse Ursprünge. Diese religiöse Bedeutung der Kämpfe verliert sich bei den Römern schnell, wie sie überhaupt in Fragen der Religion und in der Ausprägung von Kulten merkwürdig blaß und meist nur additiv-synkretistisch waren. Es gibt einen signifikanten Zusammenhang zwischen den Schwächen des Kults und der hohen innergesellschaftlichen Gewaltbereitschaft.

Es gab einen Anlaß, den Gladiatorenspielen eine feste Verbindung zu den römischen Feiertagen zu verschaffen: die Triumphzüge durch die Via Appia. Das waren Höhepunkte im Leben der Stadt, Festtage für das römische Nationalbewußtsein. Die Demütigung des unterlegenen Feindes gehörte ebenso dazu wie die Huldigung für den Feldherrn. Hinter diesem, auf dem Siegeswagen, stand ein Sklave, der einen Lorbeerkranz über ihn hielt. Dabei flüsterte er ihm ständig ins Ohr: Vergiß nicht, daß du sterblich bist!

Für die Stadt und ihre Bürger gab es diesen Souffleur der Mäßigung nicht. Im Gegenteil, die Gladiatorenspiele sind die zur Realität gewordenen Allmachtsphantasien einer Weltmacht. Auf dem Weg Roms zur Herrschaft über den ganzen Mittelmeerraum und darüber hinaus gab es viele Siege zu feiern. Jeder Triumphzug war eine Möglichkeit mehr, sich im Welttheater erneut der Überlegenheit der römischen Kriegskunst und der römischen Zivilisation über ihre Gegner zu versichern. Und wo hätte man diesen Sieg besser darstellen können als in der Arena, wo noch einmal ein Kampf stattfand – wie im Film, allein zu Propagandazwecken. Da konnte nun der römische Zivilist, der an den Gefechten an den Grenzen des Weltreiches meist nur mittels seiner Steuerzahlung beteiligt war, noch einmal sehen, was für gewaltige Kämpfer diese Barbaren waren, die sein römisches Berufsheer doch bezwungen hatte.

Die Arena vermittelt nicht nur Identität, sie ordnet auch den Kosmos. Zwei symbolische Kreise verkörpern hier die Welt: Hinter der äußeren Grenze, jenseits des Limes, beginnt das Land der Barbaren, mit seinen Wäldern und Sümpfen, seinen wilden Frauen und merkwürdigen Sitten, wie sie Tacitus beschreibt. Im inneren Kreis, in der Arena, existiert diese wüste Welt noch einmal en miniature. Dort kämpft sie um ihr Leben, ausstaffiert mit allen Exotica für ein Hollywoodspektakel: muskelstrotzende Nacktheit, bunte Kostüme, blitzende Speere, Raubtiere aller Art. Und immer wieder: echtes Blut, Köpfe, die in den Sand rollen, Menschen, die in Todesangst zu Tieren werden. Auf den Rängen, sauber gegliedert, die ganze römische Gesellschaft, inklusive des Kaisers und seines Gefolges. Und über dem allen der makellos blaue Himmel des Südens, vor dessen Hitze ein seidiges Sonnensegel schützte.

In der Arena war also das ganze Erdenrund noch einmal vorhanden, vom Himmel über die Menschenwelt bis in den Hades. Und wie der römische Soldat an den Außengrenzen des Reiches seine überlegene Kriegstechnik einsetzt, so hebt oder senkt auf der Tribüne der römische Bürger den Daumen und spielt den Herrn über Leben und Tod. Pro und contra à la romana. So lustvoll konnte es sein, ein römischer Bürger zu sein. So amüsiert sich der Nationalist zu Tode.

Aber diese kleine Bewegung des Daumens hatte auch ihre ordnungsstiftende Binnenwirkung: Ad bestias! das war eine Warnung von nachdrücklicher Strenge für alle die, die im Innern des Reiches an Aufruhr und Auflehnung dachten. Die Arena hatte mehr abschreckende Wirkung als jede Streitmacht im Inneren. Nicht nur das Publikum wollte seine Spiele zur Selbstbestätigung – die jeweiligen Herrscher hatten auch ihren Nutzen davon. Mit der Arena war ihnen das Gewaltmonopol sicher.

Auch der Kreis hat seine Bedeutung. Der Kreis macht die Menge fühlbar, hörbar, sichtbar. Jeder sieht jeden, jeder sieht jedem ins Gesicht. Jeder ist Voyeur und selbst Teil des Spektakels. Keiner kann es wagen, aus dem Kreis zu treten und damit den Bürgern den königlichen Spaß zu nehmen. The Show must go on.

Ein Kreis ist aber auch die vollkommenste Form der Ausgrenzung – für die, die *im* Kreis stehen, wie Ausgesetzte. In diesem Kreis zu stehen, ist eine Gewalterfahrung von äußerster Intensität. Der geschlossene Kreis einer Menge, die zur Lynchjustiz bereit ist, das ist der Volksgerichtshof, das Stalinsche Tribunal, der Kreis der Kulturrevolutionäre in China. Da gibt es kein Entkommen mehr, nicht für den, der im Kreis steht, aber auch nicht für die, die den Kreis der Verfolger gebildet haben. Jagdinstinkte. Jeder ist Richter, jeder ist Mitvollstrecker. Alle morden mit, alle sind unschuldig. Tod jeder Singularität – es lebe das Kollektiv! Das Kollektiv der Arena sagt: We are the Champions!

Das griechische Amphitheater war nur ein halber Kreis. Die andere Hälfte des Kreises bildete der Chor, der ewige Bedenkenträger, der unerschrockene Anwalt einer höheren Weisheit und Moral. Der geschlossene Kreis aber ist die älteste Formation eines mordbereiten Kollektivs, das zu allem entschlossen ist: zur Steinigung vor dem Tor, zur öffentlichen Hinrichtung auf dem Platz der Guillotine, zum Jubelschrei, wenn der Scheiterhaufen für die Hexen und Häretiker brennt, zum Applaus auf dem Platz des Himmlischen Friedens in Peking, zum Fememord des Ku-Klux-Klan, nachts in Birmingham, Alabama.

Der geschlossene Kreis in der Arena ist auch ein Urmodell für die öffentliche Gewaltakkumulation durch ein Medium. So verkörpert die Arena das Zusammentreffen von Medienmacht und gewaltbereiter Masse. Die Hauptfrage an die Medien ist nicht: Thematisieren sie die Gewalt? Die Hauptfrage an die Medien ist: Schließt sich der Kreis?

Wer beendete die Gladiatorenkämpfe? Nicht die Stoa, nicht die römischen Gelehrten und Philosophen, nicht die Humanisten unter den römischen Kaisern. Letztlich wurden die Spiele durch den Überdruß beendet und dadurch, daß die Opfer nicht mehr ihre vorgesehene Rolle einnahmen. Immer mehr Opfer waren Christen, und diese Christen spielten nicht mehr mit. Die christlichen Märtyrer gingen zu Hunderttausenden in den Kreis und ließen sich abschlachten oder von den wilden Tieren zerreißen, aber sie kämpften nicht, sie taten etwas fast Lächerliches: sie beteten. Sie delegitimierten damit die Spiele, indem sie den Zuschauern nach und nach die Lust am Zuschauen bei dieser sinnlosen Schlächterei nahmen.

Über 700 Jahre hielt sich die Arena im Zentrum der römischen Gesellschaft. Sie hat den Bürgern des Weltreiches viele aufregende Stunden beschert. Als die Arena nicht mehr konsensfähig war, war es bald vorbei mit dem Imperium Romanum. Mit den Gladiatorenspielen zerbrach auch die Weltordnung, die Rom im Zentrum gesehen hatte.

Besteht da ein Zusammenhang? Niemand kann das sicher beantworten – ebensowenig wie wir auf die Frage eine Antwort wissen, in welche Schicht des europäischen Bewußtseins und der europäischen Kultur die Erinnerungen an die finsteren Jahrhunderte dieses grenzenlosen öffentlichen Mordens gesunken sind.

Bürgerkrieg ist Bruderkrieg

> Alle Verfolger sind stets von der
> Richtigkeit ihres Tuns überzeugt, in Wirklichkeit
> jedoch hassen sie ohne Ursache.
> *René Girard*

Der Kalte Krieg ist zu Ende. Doch der Jubel war schnell vorbei in Europa. Kaum ist die große Blockkonfrontation entschärft, kommen die uralten, weit zurückliegenden Konflikte wieder zum Vorschein wie Endmoränen: In der Kaukasusregion brechen die ethnischen Auseinandersetzungen neu auf, die nur die Angst vor Stalins Milizen gebremst hatte. Auf dem Balkan herrscht seit Jahren Krieg und Bürgerkrieg. Die europäischen Staaten waren auf keinen der Konflikte vorbereitet. Sie besitzen keinerlei Instrumentarien, dem Morden ein Ende zu setzen oder auch nur das Entstehen neuer Konflikte zu verhindern. Allenfalls streiten sie darüber, ob es sich nun um einen regulären Krieg zwischen den neu entstandenen Nationalstaaten handelt oder doch um einen Bürgerkrieg. Diese Definition ist nicht ganz unbedeutend, entscheidet sie doch über die Frage, ob die europäischen Nachbarn sich Aussichten versprechen können, das Blutvergießen mit einem militärischen Eingreifen erfolgreich zu beenden. Solche Erfolge nämlich eröffnet nur die Intervention bei regulären Kriegen mit klaren Frontverläufen. Bürgerkriege aber gelten als nicht von außen entscheidbar, als Kämpfe, die sich normaler militärischer Logik und Strategie entziehen.

Der Bürgerkrieg ist der Krieg mit den größten Verlusten. Er ist auch der Krieg, der am längsten dauert. Er ist der Krieg, in dem ganze Gesellschaften für immer ausgelöscht werden können. Der Bürgerkrieg ist der Krieg, dessen monströse Feindbilder nie verblassen und dessen Wunden am langsamsten vernarben.

Bürgerkrieg ist Bruderkrieg. Bruderkrieg wird nach den Gesetzen der Blutrache ausgetragen: Auge um Auge, Zahn um Zahn. Alle archaischen Kulturen machten einen Unterschied zwischen Krieg und Bürgerkrieg. Kriege sahen sie als unvermeidliche Schicksalsschläge an, denen man mit Tapferkeit begegnete. Gegen Kriege konnte man Bündnisse schließen. Kriege mußten erklärt werden, für die Durchführung von Kriegen gab es Regeln. War der Krieg einmal unvermeidbar, gab es ritualisierte Vorbereitungen, um ihn zu bestehen. Priester segneten Waffen und Soldaten, Medizinmänner riefen den Schutz der Götter und Ahnen herbei. Kriege führte man gegen Feinde, die als solche erkennbar waren, sie hatten eine spezielle Kriegsbemalung oder später nationale Uniformen. Kriege führte man mit Offizieren und Generälen, die das »Kriegshandwerk« gelernt hatten und dadurch gegenseitig füreinander berechenbar waren. Kriege hatten nachvollziehbare Ursachen. Kriege führte man um Land und Wasserstellen, um Besitz oder Einflußzonen, oder um sich zu verteidigen gegen fremde Übergriffe. Kriege gehörten nach dieser Lesart zum »Lebensgesetz«, zu den unausweichlichen Bedingungen des Daseins.

Bürgerkriege aber mobilisieren nichts als große Angst. Bruderkriege und Blutrache wurden in den frühen Hochkulturen gefürchtet wie das Chaos selbst. Sie bedeuten den Ausbruch aller destruktiven Leidenschaften, die keine kulturelle Übereinkunft und kein Kultus mehr zu zügeln vermag. Sie entstehen aus irrationalen, oft eher unbedeutenden Ereignissen, aus dem Prozeß gegenseitiger Kränkungen und abstruser Dämonisierungen. Bürgerkriege haben keine Frontlinie, keine Armee. Sie haben keine Differenz und folgen keiner Regel. Jeder kämpft mit, auch Frauen und Kinder. Alles kann zur Waffe werden, alles ist erlaubt. Einmal ausgebrochen, durchzieht der Bürgerkrieg alle Sphären, überall kann er ausgetragen werden, an jeder Ecke und aus nichtigen Gründen eskalieren. Keiner hat ihn formal erklärt, keiner ist befugt, ihn definitiv zu beenden. Das Einzige, was einen Bürgerkrieg zu einem Ende bringen kann, ist totale allseitige Erschöpfung. Und danach – vielleicht – das Erstehen einer neuen gesellschaftlichen oder staatlichen

Ordnung. Aber genau dazu fehlt meistens die Kraft. Es fehlen auch die Protagonisten einer neuen Friedensordnung, die nicht durch Parteinahme im Bürgerkrieg diskriminiert und durch eigene Gewalttat besudelt wären. Wenn überhaupt, so enden deswegen Bürgerkriege nicht selten in Diktaturen und Schreckensherrschaften, deren erste »Ordnungstat« dann das Liquidieren der Führer der anderen Kriegsparteien ist, so wie es Tito getan hatte, bevor er den Vielvölkerstaat Jugoslawien gründete.

Alle kulturellen, religiösen und zivilisatorischen Strategien, die Gewalt aus den Stämmen, Großfamilien, Völkern und Nationen zu verbannen, haben deshalb immer nur ein Ziel: das Entflammen des Bruderkriegs zu verhindern, bevor er alle infiziert hat. Denn der Bürgerkrieg ist, einmal ausgebrochen, wie die Büchse der Pandora, keiner weiß, welche Schlangen er noch verbirgt.

Für die Europäer hat das Trauma vom Bürgerkrieg ein Gesicht: das Bild des Dreißigjährigen Krieges. Er ist der Archetyp eines chaotisch verlaufenden Konfliktes auf dem Höhepunkt einer Epoche erheblicher politisch-sozialer Turbulenzen. Dieser Krieg begann aus nichtigem Anlaß, mit einem Fenstersturz in Prag (1618), und wollte dann nicht mehr enden. Alles in allem herrschte damals nicht dreißig, sondern hundert Jahre lang Krieg und Anarchie in weiten Teilen Europas. Schon in dieser Phase großer machtpolitischer Umwälzungen infolge von Reformation und Gegenreformation fanden auf »deutschem« Boden die meisten Schlachten statt: erst die Bauernkriege, dann die Schmalkaldischen Kriege, an deren Ende der labile Augsburger Religionsfriede (1555) geschlossen wurde. Im Süden des zerbrechenden Kaiserreiches kämpfte Karl V. ein letztes Mal erfolgreich gegen Frankreich und die Türken und schon erfolglos gegen die Araber. Im Norden befreiten sich die Niederlande endgültig von der spanischen Tyrannei (1581). In Rom richteten die Kaiserlichen Truppen bei ihrem Einmarsch (1527) ein Gemetzel an. In Paris türmten sich die Leichen in den Straßen nach der berüchtigten Bartholomäusnacht (1572), dem Höhepunkt der

Verfolgungen der Hugenotten durch den französischen König. In Spanien verbrannten Philipp II. und die Inquisition die reformatorischen Ketzer zu Hunderttausenden und trieb Juden und Mauren außer Landes. In England trennte sich der König Heinrich VIII. endgültig von Rom.

Das 16. Jahrhundert, das Jahrhundert der Reformation, ist das Jahrhundert der einstürzenden Ordnungen in Europa, das die bis dahin geltenden sozialen Regeln und Differenzen aufhebt. Es schillert in seinen Wirkungen noch zwischen Befreiung und Destruktivität.

Das 17. Jahrhundert beginnt mit dem Chaos des Dreißigjährigen Krieges und brachte die Mitte des europäischen Kontinents endgültig in einen Zustand, in dem sich Staaten, Strukturen und Kulturen gänzlich aufzulösen drohten. In vielen Gebieten Europas wurde gleichzeitig gekämpft. Die geschundene Zivilbevölkerung konnte selten unterscheiden, um welche Armee es sich bei ihren derzeitigen Plünderern und Schindern handelte, zumal die jeweiligen Söldner in ganz Europa zusammengesucht wurden. Außer den deutschen Fürsten waren die Böhmen, Tschechen, Dänen, Schweden, Österreicher, Franzosen und Spanier mit Söldnerheeren involviert.

Am Ende waren alle wirtschaftlich ruiniert, moralisch ernüchtert und physisch ausgebrannt. Das Land war verwüstet, die Städte zerstört und geplündert. Ein Chronist schreibt: »Man wandert bis zu zehn Meilen und sieht nicht einen Menschen, nicht ein Vieh, nicht einen Sperling, höchstens sind an etlichen Orten ein alter Mann und ein paar alte Frauen zu finden. In allen Dörfern sind die Häuser voller Leichname ... Mann, Weib, Kinder und Gesinde, Pferde, Schweine, Kühe und Ochsen neben- und untereinander, vom Hunger und von der Pest erwürgt.«[14]

Es mußten weitere hundert Jahre vergehen, bis in Deutschland wieder soviele Menschen lebten wie 1618, vor dem Ausbruch des Dreißigjährigen Krieges. Daß der europäische Kontinent sich überhaupt von dieser Epoche der Verwüstungen erholt hat, ist ein Wunder für sich und letztlich dem Absolutismus zu verdanken. Die Deutschen aber hatten ihre vormalige Führungsrolle in Europa endgültig verloren und existierten fortan in hundert Einzelstaaten.

Der Bürgerkrieg ist nicht nur ein militärisches, sondern vor allem ein mentales Problem. Der Bürgerkrieg beginnt im Kopf. Er speist sich aus Feindbildern, Fanatismen, aus Dogmen, Dämonisierungen, alten Gespenstern und Legenden. Im Bürgerkrieg geht es immer um vermeintliche Gerechtigkeitsfragen, um Kränkungen von ganzen Gruppen, um Demütigungserfahrungen, um Verallgemeinerungen, um Erbfeindschaften. Die schärfste Waffe des Bürgerkrieges ist das Gerücht.

Jemand hat ein Unrecht begangen, irgendeine Verletzung von Leib und Leben, von Gewohnheitsrechten oder Ehrbegriffen. Besonders konfliktträchtig sind die Verletzungen von Grenzen und von Tabus. Die Logik des Bürgerkriegs sagt: Dieser Jemand *wollte* dieses Unrecht begehen, er zielte willentlich auf Erniedrigung des Gegners. So, durch die hinzufügte böse Absicht, steigert sich die Untat ins Monströse. Handelt es sich bei dem Übeltäter um einen Angehörigen einer Gruppe, auf die die Kategorie »Erbfeindschaft« anzuwenden ist, genügt eine Winzigkeit, um den ganzen gesellschaftlichen Schwelbrand zum offenen Konflikt zu steigern. Wiedergutmachung, Friedensschluß, Entschuldigung sind dann ausgeschlossen. Deeskalation ist nicht mehr erwünscht, es geht um Satisfaktion. Und wie die aussehen kann, bestimmt das eigene Gefühl der Kränkung, das eigene Maß des Unrechts. Handelt es sich bei dem Anlaß des Streits um eine Bluttat, ist sie nur durch ein Mehr an Blut zu sühnen. Dieses wiederum schreit ebenso nach Rache, bis die Spirale nicht mehr aufzuhalten ist und jede Seite eine unendliche Summe von Unrechts- und Gewalterfahrungen aufgehäuft hat, die sie ermächtigt, endlose oder besonders erniedrigende Rachemaßnahmen zu unternehmen: Vergewaltigungen zum Beispiel, Folterungen, Schändungen von Friedhöfen und Heiligtümern.

Vergleicht man die politische und kulturelle Lage Europas im 16./ 17. Jahrhundert mit der heutigen Situation nach dem Ende des Kalten Krieges, so zeigen sich verblüffende und beunruhigende Parallelen. In beiden Fällen wird das System eines stabilen Dualismus – dort zwischen den Supermächten Papst und Kaiser, hier zwischen den Supermächten USA und UdSSR – aufgelöst zugunsten unterschiedlichster nationaler Interessen und zahlreicher emanzipatorischer Bewegungen. In beiden Fällen entsteht aus der Situation der Krise und der Auflösung der alten Ordnung keineswegs automatisch die Struktur eines neuen, verbindlichen Regelwerks. In beiden Fällen werden ganze Landstriche dabei in einen Zustand der Agonie, der Unregierbarkeit und des permanenten Bürgerkrieges gestürzt. Die panische Angst vor den Entgrenzungen des Bürgerkriegs, wie sie hinter der Ohnmacht der Europäer angesichts der heutigen Situation auf dem Balkan und in der Kaukasusregion erkennbar wird, ist also nicht nur ein historisches Phänomen. Die Tendenz zum Bürgerkrieg ist das schwierigste aktuelle Problem, vor dem die UNO weltweit immer häufiger und mit anwachsender Ratlosigkeit steht. Nicht nur in den Nachfolgestaaten der Sowjetunion und Jugoslawiens, in Sri Lanka und Kaschmir finden diese Kämpfe bereits statt, auch Somalia, Tschad, Zaire und Ruanda, der Nahe Osten, Indien, Pakistan, Südafrika, Kambodscha, die Türkei, Mexiko, Kolumbien stehen ständig kurz vor dem Ausbrechen offener Gewalt. Die Schwelle zur Militarisierung von ethnischen Konflikten ist deutlich gesunken, seitdem die Gefahr beseitigt scheint, damit einen Weltkrieg der Supermächte auszulösen.
Immer häufiger stellt sich damit der UNO die Frage, ob sie selbst die Rolle einer »Welt-Superpower« spielen soll, die von außen den Bürgerkrieg beendet, der doch tendenziell auf Endlosigkeit angelegt ist. Will sie überhaupt von außen in bürgerkriegsähnlichen Konflikten Frieden erzwingen, um zumindest ein Minimum von Staatlichkeit und Ordnung zu installieren? Und wenn sie es will, kann sie es? Und wenn sie es kann, darf sie es und hat sie nur die

geringste Chance auf einen Erfolg? Und wenn sie es darf, welche Strategien besitzt sie für einen solchen Fall, und woher bekommt sie die Mittel, sie durchzusetzen, wo doch weit und breit kein Wallenstein in Sicht ist? Oder ist gerade *das* das Dilemma der UNO: daß sie nur präventiv eingreifen kann oder erst zu dem Zeitpunkt, an dem die Feuer des Bürgerkriegs schon ausgebrannt sind? Für sie gilt die bittere Wahrheit: Wenn die Gewalt am höchsten schlägt, ist die Chance, sie zu dämpfen, am geringsten. In dieser Phase spielen die UN-Soldaten eine neue Rolle, die geradezu sensationell ist für eine Armee: Sie teilen das Leid der Zivilbevölkerung. So erreichen sie immerhin, daß die Weltbevölkerung dieses nicht ganz und gar vergißt.

Seit den Tagen des Dreißigjährigen Krieges ist ein merkwürdiges Phänomen zu verzeichnen: Soldaten und Heere, die gegeneinander Kriege geführt und Schlachten geschlagen haben, finden nach Kriegsende relativ schnell wieder zu einem »zivilen« Umgang miteinander. Die Militärs sind manchmal sogar schneller als die Diplomaten und Staatsmänner eines Landes. So begann die Wiederaufnahme der Deutschen in die Gemeinschaft der zivilisierten Staaten ausgerechnet mit der Wiederbewaffnung, mit den Römischen Verträgen, mit der Einbeziehung der Bundeswehr in die NATO. Es scheint ein Gesetz des Krieges zu sein: Nach einem Waffengang und nach Kriegsende sind die Generäle und Offiziere immer die ersten, die wieder miteinander reden können. Offenbar haben sie die geringsten Probleme mit der Bewältigung ihrer Vergangenheit.

Und so ist es auch tatsächlich. Kriege und Kriegsgeschrei verblassen schnell in der Erinnerung der Völker. In Friedenszeiten sind die militärischen Bündnisse vergleichsweise leicht änderbar, militärische Einheiten zwischen ehemals feindlichen Armeen stellen sich viel problemloser her als die soziale Einheit im Alltagsleben. Das Gedächtnis an Kämpfe, Schlachten, Soldatenleben gehört also zu einem Seelengepäck von mittlerer Halbwertszeit. Das geht vorüber.

Der Unterschied zwischen Bürgerkriegen und Kriegen beginnt sich in dem Moment zu verwischen, wo die fremden Soldaten im eigenen Land gewalttätig ins zivile Leben eindringen.

Was unvergeßlich bleibt, sind die Verbrechen gegen die Zivilbevölkerung, die traumatischen Erinnerungen an die Ohnmacht der Bombennächte, an die Vertreibungen, an die Vergewaltigung der Frauen, denen Männer und Kinder hilflos zusehen mußten, an die Panik, als der »Feind« in den Alltag einbrach und damit alle Regeln außer Kraft setzte.

Verbrechen gegen die Zivilbevölkerung werfen lange Schatten. Sie lagern in tieferen Schichten des Bewußtseins der Völker und nähren unbewußte Ängste. Sie brauchen mindestens drei Generationen, bis sie verblassen und an Macht verlieren. Bis dahin hat die nächste Generation Generäle vielleicht schon längst den nächsten Krieg geplant.

Woher kommt eigentlich die Gewalt?

Bisher haben wir von Gewalt in der allgemeinsten Form gesprochen, die denkbar ist. Dabei gibt es gar keinen allgemeinen Begriff von Gewalt, der zweifelsfrei benutzbar wäre und auf umfassendes Verständnis rechnen könnte. So haben wir den Gewaltbegriff bisher auch eher umkreist als eindeutig geklärt. Mit dem Begriff Gewalt kann ein ganzes Bündel möglicher Bedeutungen und Phänomene gemeint sein. Wer sich einmal auf diese Phänomenologie eingelassen hat, sieht bald Gewalt in allen Dingen. Mal steht Gewalt für Aggressionen, mal für Chaos, mal für verletzte Ordnungen, mal für politische Unterdrückung. Alles kann zum Synonym für Gewalt werden: Rebellion, Kriege, soziale Umbrüche, Bürgerkriege, Blutrache, Opferpraktiken, staatliches Handeln wie kulturelle Handlungsmuster, zwanghafte Strukturen, atmosphärische Tendenzen und konkrete Gewalttaten, Mißhandlungen von Frauen und Kindern, Männerphantasien, Willkür sowie zahlreiche Spielarten der Sexualität . . .
Tatsächlich war der Gewaltbegriff in der deutschen Tradition schon immer schillernd, nicht erst seit den Zeiten der existenialistischen Dichter, der rechten Jugendbewegung und der linken Intellektuellen. Das Wort Gewalt gehört zu den besonderen Wörtern, deren Bedeutungsskala sich im Laufe der Geschichte so weit auseinander entwickelt hat, daß sie fast reine Gegensätze markieren kann: Gutes und Böses, Erlaubtes und nicht Erlaubtes, Konkretes und Abstraktes. Im Lateinischen stehen dafür zwei Begriffe, die deutliche Unterschiede aufweisen: potestas und violentia. Positiv besetzt und zugeordnet ist die potestas, die Autorität der legitimierten und gesetzlich abgesicherten Staatsgewalt, die Macht, zu deren Vollmacht es gehört, auch Gewaltmittel einzusetzen. Das ist die geordnete, in Gesellschaftskonsens und ein festes Regelwerk eingebundene Gewalt, sie gilt als Strukturelement aller legitimen

Staatlichkeit. Negativ besetzt ist die Gewalt als violentia, als physischer oder psychischer Zwang gegenüber Menschen, als Wille und Tat, einen anderen zu verletzen, als anarchische Kraft, als Verstoß gegen gesellschaftliche Ordnungen, als Aggressivität, als zwischenmenschlicher zerstörerischer Gewaltakt und als Methode zum Umsturz legitimer staatlicher Macht.

Alle Staatsgewalt geht vom Volke aus – lautet ein Kerngedanke der potestas. Alle Macht kommt aus den Gewehrläufen – sagt dagegen die Logik der violentia. Um die konkrete Gestalt der violentia u. a. ging es in den letzten Kapiteln: Chaos, Panik, Schrecken, große Unruhe und die großen Unordnungen der Bürgerkriege gehören zu ihren Begleitumständen. Angst macht den Menschen vor allem diese Gewalt, die violentia. Sie ist es, die die Gemeinschaften stört und gelegentlich zerstört. Diese Gewalt, die Angst macht, kann sich in Gruppen und Beziehungen anhäufen und von Zeit zu Zeit – meist unkontrollierbar und schwer vorhersehbar – explodieren. Diese violentia wandert, springt über, treibt vorwärts, vernichtet oder verändert die Menschen, vermehrt sich auf unheimliche Weise.

Immer haben die Menschen versucht, die violentia einzudämmen. Der Kultus hatte hier seinen Ort, Riten, Religion und Sozialregeln wurden dagegen erdacht, und sogar die Zähmung der Kriege durch Kriegskunst und berechenbares Verhalten der Gegner ist ein Moment von Restordnung in chaotischen Gesamtverhältnissen.

Von der potestas u. a., von der legitimierten Vollmacht öffentlichen und privaten Handelns, wird der zweite Teil dieses Buches handeln und von den Versuchen, sie zustande zu bringen. Hier geht es besonders um den langen Prozeß der Zivilisation, der dem Einzelnen seine Rechte und Möglichkeiten aus der Hand nahm, private violentia auszuüben. Potestas heißt also, Hoheit über den Bereich der violentia zu gewinnen. Potestas ist veredelte, überwundene, sublimierte und eliminierte violentia. Wo aber potestas, wo staatliche Macht oder Autorität sich auflöst, da verwandelt sie sich wieder zu violentia, zu offen ausbrechender Gewalt.

Wie das aussieht, wenn sich potestas, legitime staatliche Macht, auflöst und dabei wieder zu violentia, zur anarchischen Gewalt, wird, ist alle Tage neu zu beobachten. Es ist die präziseste Kurzanalyse, ein Schlüsselcode zur Entzifferung der Lage in Osteuropa, in Afrika und auf dem Balkan seit der Zeitenwende 1989.
Wenn also die Staatsgewalt ihre Autorität und Handlungsvollmacht verliert und zerfällt, verwandelt sie sich wieder zurück in ihren Rohzustand: in offene Gewalt. Wenn aber die gute, die »ordentliche Macht«, die potestas, aus der Überwindung der »unordentlichen Macht«, der violentia, kommt, woher kommt dann dieser Urzustand? Woher kommt eigentlich die Gewalt? Und wie kommt sie unter die Menschen?
Die Antwort darauf ist traditionell abhängig vom politischen Standpunkt des Antwortenden und kann, grob eingeschätzt, etwa so charakterisiert werden: Der Konservative neigt dazu, die Gewaltausübung zur Grundausstattung der Menschennatur zu zählen. Die politische Linke dagegen macht für die Gewalt die gesellschaftlichen Verhältnisse, die materiellen Bedingungen, das soziale Umfeld verantwortlich. Im ersteren Fall, für den Konservativen, ist der Mensch von Natur aus gewaltgeneigt und gewalttätig, wenn man ihn nicht daran hindert. Für die politische Linke ist der Mensch von Natur aus zum Guten fähig, deswegen glaubt er auch an den neuen Menschen und sucht ihn durch Erziehung und Umwelteinflüsse nach Kräften zu fördern. Der gestandene Konservative braucht für seinen Ansatz erst einmal die Polizei als Arm des staatlichen Gewaltmonopols, der linke Aufklärer braucht die Sozialbürokratie, den Lehrer und die Erziehungsberatung.
Was ist nun eher da, die Gewaltbereitschaft oder die Friedensfähigkeit des Menschen? Wie alle großen Menschheitsrätsel ist auch diese Streitfrage letztendlich nicht entscheidbar. Was nun eher im Menschen angelegt ist: das Böse oder das Gute, die Aggressivität oder die Sanftmut, wird keine empirische Untersuchung klären können. Es bleibt eine Glaubensfrage, die allerdings als handlungs-

leitende Maxime nicht ohne Bedeutung ist. Dabei wohnt der Romantiker und Menschenfreund meist dicht neben dem Zyniker und Verächter des Menschengeschlechts. Der Realpolitiker ist oft nur ein bekehrter Fundamentalist.
Seinsaussagen über die Bestimmung der Menschen zur Gewalt sind also nicht möglich. Niemand hat bisher ein Gen ausfindig machen können, das den homo sapiens zur Aggressivität determiniert. Auch Sigmund Freud hat den vermuteten Destruktionstrieb, den Todestrieb nicht dingfest machen können. Und doch lassen sich Bedingungen nennen, die die immer vorhandene *Bereitschaft* der menschlichen Individuen und Gruppen zu Gewalt und Gewaltausbrüchen verstärken. Diese Bedingungen allerdings sind von so allgemeiner Art, daß niemand, der lebt, ihnen entrinnen kann.
Alles beginnt damit, daß der Mensch Wünsche hat. Alles beginnt mit dem Mangel. Alles beginnt damit, daß der Mensch nicht allein ist. Alles beginnt mit der unausweichlichen Konkurrenzsituation in allen Grunddaten der Existenz. Nahrung, Elternliebe, Arbeit, Raum, Luft zum Atmen, Anerkennung und Menschenwürde, alles ist Mangelware. »Aufgrund ihrer Nähe sind sie zur Rivalität verurteilt; sie streiten sich um das gleiche Erbe, die gleiche Krone, die gleiche Gattin. Wie in einem Mythos beginnt alles mit einer Geschichte über feindliche Brüder. Haben sie die gleichen Wünsche, weil sie sich gleichen? Oder gleichen sie sich, weil sie die gleichen Wünsche haben? Ist es die Verwandtschaftsbeziehung, die in den Mythen die Gleichheit der Wünsche bestimmt? Oder ist es die Gleichheit der Wünsche, die eine als brüderlich definierte Ähnlichkeit bestimmt?«[15] Auffallend häufig stehen solche »feindlichen Brüder« (die auch feindliche Schwestern sein können), solche spannungsreichen Zwillingskonstellationen am Anfang von Völkergeschichten und Kulturanfängen: Kain und Abel, Romulus und Remus, Jakob und Esau, Castor und Pollux. Immer werden die Zwillingskonstellationen, die Urform der Gleichheit, zuallererst als Bedrohung begriffen, ganz selten nur als Chance und Ansporn.

Alle Gewalt kommt also aus der Heftigkeit, mit der wir etwas wünschen, und aus der Tatsache, daß wir dabei auf Mitmenschen stoßen, die mit uns die gleichen Wünsche und die gleiche Heftigkeit teilen. So kommt die Gewalt tatsächlich aus dem Kampf ums Dasein, wie Nietzsche formulierte. Das Unheimliche an diesem Prozeß ist nur, daß der Kampf ums Dasein nicht nur in materiellen Notzeiten entflammt, sondern jederzeit möglich ist, wenn nur eine Konkurrenzsituation gegeben ist oder empfunden wird. Daß die Sphäre der Sexualität vielfach gewalthaltig ist, hat mit der hohen Intensität der Emotionen, aber auch mit der geballten Konkurrenz gerade in diesem Bereich zu tun, was die naiven Anhänger der sexuellen Libertinage meist außer acht lassen.

Die Zuspitzung im Konkurrenzkampf um gleiche Anteile an allen Gütern kann auch dann eintreten, wenn, mit Vernunft betrachtet, die Ressourcen zum Überleben noch ausreichend vorhanden sind. Zum Anheizen des Konfliktes reicht es schon, daß der heftige Wunsch nach einem Mehr besteht – und ein konkurrierendes anderes Subjekt. Beides sind Grunddaten und Antriebsmotoren jeder Leistungsgesellschaft. Dieser gesteigerte Konkurrenzdruck in allen Sphären der modernen Industrienationen ist es auch, der – trotz aller Aufklärung und der schönsten zivilisatorischen Erfolge – für immer neuen Nachschub an Gewaltenergien in den äußerlich befriedeten Gesellschaften sorgt.

Wenn schon unter normalen Bedingungen immer ein Anlaß zum Entstehen von Gewaltpotentialen gegeben ist, so verstärkt sich das dramatisch in Zeiten echter Überlebenskrisen und tatsächlicher Ressourcenknappheit. Hier werden die Wünsche nackt und roh, sie richten sich ohne Hemmung und auf dem direktesten Weg auf konkrete Ziele: auf Wasser und Brot, auf eine Bleibe, auf den letzten Platz im Boot. Diese Situation hat Bert Brecht auf die schlüssige Formel gebracht: Erst kommt das Fressen, dann die Moral.

Nicht nur die dramatische Veränderung, auch der unerträgliche Stillstand kann Gewalt erzeugen. Manchmal ist die Leere ebenso schwer auszuhalten wie die Stille. So spiegeln es manche Filmszenen in unnachahmlicher Intensität: Marlon Brando sitzt, in einem dieser öden Orte des eroberten Westens, am Rande einer langen Straße, an eine Hauswand gelehnt. Er blinzelt in die Sonne, regungslos, massig, gelangweilt. Irgendwann steht er auf, aus Überdruß, oder weil ihn ein Nichts von Ereignis gereizt hat, und schlägt einen Menschen zusammen, eine Frau, ein Tier, ein Haus. Nihilismus und Sinnlosigkeit pur. Solche Orte sind Legion im heutigen Osteuropa und in vielen verwüsteten Regionen der dritten Welt. Die Gewalt, die aus der Leere kommt, ist fast immer Männergewalt.

Die vierte Ursache für Gewalt – außer der allgegenwärtigen Konkurrenz gleicher Wünsche, außer dem Kampf ums Dasein, außer dem Nihilismus der Leere – ist der Druck, der von allen großen Veränderungen ausgeht. Das ist der entscheidende Grund dafür, daß Zeiten politischer Umwälzungen immer latent zur Gewalt neigen, auch wenn die Veränderung selbst noch mit friedlichen oder reformerischen Mitteln einherging. Die Veränderung an sich erzeugt Gewaltbereitschaft, da sie die Menschen tief verunsichert. Das Gesetz des Heraklit, daß alles sich ständig wandelt, ist keineswegs ein reiner Trost für den Menschen. Es ist zugleich Inbegriff seiner Verlorenheit. Alles wird neu, die soziale Umgebung verändert sich, die soziale Rangfolge wird neu festgelegt, der eigene Platz stimmt nicht mehr, das genormte oder erlernte Sozialverhalten sichert nicht länger Erfolg und Anerkennung. Die Konkurrenz um die wenigen zu vergebenden Spitzenplätze verschärft sich, die Angst, zu den Verlierern zu gehören, wird übermächtig, die Gerechtigkeitsfrage gewinnt an Gewicht. Das Leben wird härter, die Zukunft ungewisser – tausend Gründe, daß die Sicherungen durchbrennen.

Ein Doppelgesicht in bezug auf die Gewaltfrage hat auch das Eigentum, der klassische Grund nach der marxistischen Theorie, der zur gewaltsamen Lösung von politischen Konflikten drängt. Der Wunsch nach Eigentum hat einerseits mit den konkurrierenden

Bedürfnissen und andererseits mit der Verlorenheit des Menschen in einer ihm feindlichen Welt zu tun. Das erste Eigentum der Nomaden aus der Zeit der Patriarchen war, außer dem Vieh und dem Zelt, seine Grabstätte, der Platz, wo er für seine Nachkommen wieder aufzufinden und zu ehren war. Eigentum wird zur zweiten Haut der Seele, wenn die natürlichen Schutzvorrichtungen, beispielsweise die der schützenden Sippe oder Großfamilie, nicht mehr verläßlich erscheinen. Eigentum ist in einer Zeit großer Existenzängste und erzwungener Mobilität eine Versicherung gegen die elementaren Ängste. Von daher verschafft Eigentum Freiheit, auch Bürgerfreiheit in vielfacher Hinsicht, auch in der, daß satt sein muß, wer seine bürgerlichen Freiheiten ausüben will. Wenn die sozialen Klassenauseinandersetzungen auch um die Frage des Eigentums an den Produktionsmitteln entbrannten, so ging es dabei auch immer um diese Freiheit von der Existenzangst.

Der vielleicht gewichtigste Grund für die Zunahme der Gewalt in allen modernen Gesellschaften hat mit dieser Konkurrenz um Eigentümer und Güter zu tun, betrifft aber zugleich eines der zentralen, demokratischen Grundprinzipien. Es ist das Ideal, das seit den Tagen der Französischen Revolution unantastbar war: die Gleichheit, die Egalität. Der Gedanke ist zwingend: Gerade wenn die Gleichheit die Einebnung aller Unterschiede erreichen würde, inklusive der des Eigentums und der Teilhabe an allen Gütern, gerade dann wäre die Zahl meiner Konkurrenten im Kampf um Ressourcen und Lebensglück ins Unendliche gesteigert. Dann ist sie es selbst, die den Chaospegel in den Gesellschaften hochtreibt und damit Gewalt und Aggressivität anstachelt. Eine beunruhigende Schlußfolgerung, eine Provokation für das Denken, die uns weiter verfolgen wird: Nicht nur die Gewalt, auch die Egalität gehört zu den Ursachen für die Krisen der Moderne.

Teil II

Macht und Gewalt

»Bevor wir uns nun dem Problem der Gewalt zuwenden, möchte ich vor einem naheliegenden Mißverständnis warnen. Wenn wir unter Geschichte einen kontinuierlich chronologischen Prozeß verstehen, dessen Fortschreiten in der einmal eingeschlagenen Richtung zudem automatisch vonstatten geht, bzw. von Menschen nur verzögert oder beschleunigt werden kann, so liegt es nahe, in der Gewalt in Form von Kriegen und Revolutionen die einzig mögliche Unterbrechung solcher Abläufe zu sehen. Wenn dies stimmte, wenn nur das gewalttätige Handeln imstande wäre, automatische Prozesse im Bereich der menschlichen Angelegenheiten zu unterbrechen, dann hätten die Befürworter der Gewalt in einem sehr entscheidenden Punkt gewonnen.«

Hannah Ahrendt

Säkularer Neuanfang:
Das staatliche Gewaltmonopol [16]

Kulturen und Staaten haben keinen verbrieften Anspruch auf ewige Dauer. Am Ende des Zeitalters der Reformationen und Gegenreformationen, am Ende des Jahrhunderts der Bauernkriege, der territorialen Neuordnungen und der neuen Bürgerfreiheiten war Europa nahe am Abgrund. Wenig hätte gefehlt, und die Kulturen Europas hätten für immer aufgehört zu existieren. Die deutschen Länder, die Wiege der Reformation, hatte es am härtesten getroffen. Alles lag in Schutt und Asche, die Städte zerstört, die Felder verwüstet, die Menschen verroht und dezimiert. Sucht man einen Vergleich aus heutiger Zeit, so fällt einem Kambodscha, der Libanon oder Ruanda am Ende des Bürgerkriegs ein – Situationen fast ohne jede Hoffnung.

Vielleicht wäre die Mitte Europas nie wieder zu einer neuen Blüte gekommen, hätte es nicht den Absolutismus gegeben. Neben dem straff zentralisierten England unter dem Lordprotektorat Cromwells besaß das Frankreich Ludwigs XIV., das Land, das den Absolutismus am entschiedensten verkörperte, die besten Startchancen für eine glückhafte Entwicklung in der Ära der expandierenden Nationalstaaten und des beginnenden Kolonialismus. Absolutismus, das war vor allem der feste Wille und die Methode, Staat und Verwaltung effektiver und wehrhafter als zuvor aufzubauen, und zwar mittels einer Ordnung des Gemeinwesens, die einmal in dem Satz münden würde: L'Etat, c'est moi. Der Staat, das bin ich.

Kern des absolutistischen Staates ist die Verfügung über zwei Schlüsselmonopole: das Gewalt- und das Abgabenmonopol. Beides liegt in den Händen des Königs, dem es gelungen ist, sich alle anderen Fürsten und Noblen zu unterwerfen und an seinen Hof zu ziehen. Um das Gewaltmonopol des Staates zweifelsfrei durchzusetzen, braucht der Absolutismus ein stehendes Heer, das nicht

erst im Krisenfall mit Mühe und oft gegen erheblichen Widerstand anderer Beteiligter rekrutiert werden muß. Um die umfangreichen Geldmittel für die Hofhaltung, das Heer und die gesamtstaatliche Organisation aufbringen zu können, braucht der absolutistische Staat einen Verwaltungsapparat. Dieser treibt durch seine Funktionäre, die Beamten, die Abgaben ein. Innerhalb dieser beiden Schlüsselmonopole regiert der absolutistische Herrscher, der staatliche Monopolherr, selbst als Zentralfunktionär eines arbeitsteiligen Apparates, der aber ganz und gar auf dieses Zentrum ausgerichtet ist.
Absolutismus ist also Modernisierung von Herrschaft mittels Monopolbildung. Der Gesellschaftsaufbau im autoritären absolutistischen Staat ist nach Rangordnungen genauestens strukturiert, und zwar nach dem Prinzip der Differenz der Tätigkeiten, aber auch des gesellschaftlichen Status, der Stände. Der Herrscher hat alle klassischen Funktionen einer Staatsführung (Patriarch, Heerführer, Richter) allein zu erfüllen, er delegiert sie nur zur Ausführung an ihm Untergebene, er beruft und entläßt Minister und Beamte, Richter und Generäle. Gleichzeitig sichert er seine Monopolstellung durch das Anbieten von Teilhabe. Diese Teilhabe erstreckt sich auf Partizipation an einzelnen Herrschaftsfunktionen, an Latifundien und Kriegsbeute oder auch in immaterieller Form auf Teilhabe an einem System der Sicherheit, der Kultur und der Zivilisation. Der absolutistische Herrscher erneuert Wirtschaft und Universitäten in gleicher Weise wie die Kunst, das Geistesleben und die Moden. An all diesen Modernisierungen kann sich der Hof und die Gesellschaft in vielfältiger Weise beteiligen. Für eins aber ist der Monopolherr allein zuständig: für die Politik. Politik ist ausschließlich die Sache des Hofes. Niemand sonst hat sich dafür auch nur zu interessieren.
Die Aufrichtung eines Gewaltmonopols war von allen Neuerungen unter dem Absolutismus am schwierigsten durchzusetzen. Sie folgt auch keineswegs nur den Regeln der reinen Vernunft. So wie es schwerer ist, einen Bürgerkrieg zu beenden als einen Krieg, so

gilt auch hier: Es ist schwerer, die Gewalt im Inneren zu beenden als die an den äußeren Grenzen. Was stand der Durchsetzung des Gewaltmonopols des Zentralstaats im Wege? Zunächst einmal der Wunsch vieler kleiner Feudalherren, sich selbst eigene Soldaten zu rekrutieren, eine Übung, die in Grenzlandsituationen durchaus Sinn machte – und bei den kleinparzelligen Staaten und ständig wechselnden Bündnissen am Ausgang des 16. Jahrhunderts war jedes Land in Europa ständig Grenzland. Vor allem aber trieb die Erfahrung von Kriegswirren und Chaos das Begehren vieler Bürger und Bauern an, selbst für die vielerlei Händel des Alltagslebens nicht ungeschützt zu sein. Die Entwicklung der Waffentechnik tat das ihre dazu, um die allseitige Bewaffnung der Bevölkerung zu beschleunigen.

Wie schwer es ist, dem einzelnen sein Tötungsinstrument aus der Hand zu nehmen, das für den Bauern, Handwerker und Jäger des Mittelalters ja immer zugleich auch Arbeitsinstrument gewesen war, läßt sich bis in die Gegenwart verfolgen. In den USA ist die Entwaffnung der Zivilbevölkerung bis heute nicht gelungen, eine ständige Erinnerung an die Gewaltgeschichte der Wellen von Eroberungszügen nach Westen, des großen Bürgerkriegs zwischen dem Norden und dem Süden und der ständigen Rassenunruhen. Aber auch der Schweizer Bürger hat sein Gewehr im Schrank und hält es, zusammen mit der allgemeinen Wehrpflicht und der direkten Demokratie, für eine Garantie der Freiheit und der Republik. Auch alle Bürgerkriege in der untergehenden Sowjetunion, im ehemaligen Jugoslawien, in Afghanistan, Algerien, Sri Lanka und anderswo begannen mit der umfassenden Selbstbewaffnung der Zivilbevölkerung.

Was bringt also den Menschen, der es für klüger hält, für alle Wechselfälle des Lebens bewaffnet zu sein und der die Gewohnheit besitzt, Konflikte mit handgreiflichen »Argumenten« auszutragen, dazu, sein Messer, seinen Colt, seine Armbrust an eine staatliche Instanz abzutreten? Die Antwort der Aufklärung auf diese Frage hieß: die Vernunft (Hegel), der Gesellschaftsvertrag (Rousseau), der kategorische Imperativ (Kant), die Erziehung des Menschengeschlechts (Lessing). Wenn man sich die Atmosphäre des Jahrhunderts genauer vorstellt, das dem Absolutismus vorausging, so kommt man zu einer skeptischeren Begründung. Es muß die Erfahrung der großen Unordnung, die Ermüdung nach den nicht enden wollenden Kämpfen, die nackte Erschöpfung gewesen sein, die eine Geneigtheit befördert hat, sich die Waffen aus der Hand nehmen zu lassen.

So bitter es klingt: Die sicherste Garantie für den Frieden und die Errichtung des staatlichen Gewaltmonopols ist immer noch eine lange und verheerende Kriegserfahrung. So gehört es denn auch zu den krisenverschärfenden Bedingungen im heutigen Europa, daß die Erfahrungen aus den großen Weltkriegen und ihrer Gewaltakkumulation fünfzig Jahre nach dem großen Morden allmählich zu verblassen beginnen.

Die zweite Bedingung, daß es überhaupt zu einem Gewaltmonopol kommen kann, ist ein System von sozialen Normierungen, das dem von der Staatsmacht gewünschten Sozialverhalten eine gewisse Akzeptanz verleiht. Das Wenigste von diesen Mechanismen ist rational planbar, es entsteht im Prozeß der Zivilisation.

Die dritte Bedingung für die Errichtung des staatlichen Gewaltmonopols ist die Tatsache, daß die Konzentration auf eine Zentralmacht auch wirklich vollzogen wird. Diese Zentrale muß also gegenüber anderen Territorialfürsten einen Start- und Standortvorteil an Macht und Einfluß besitzen, was in Deutschland bis zur Zeit Bismarcks nie so richtig gelingen wollte. Diese Macht muß zu ihrer Akzeptanz aber auch den Bürger überzeugen, daß es sinnvoll, notwendig, unvermeidlich und sogar für den Einzelnen nutzbringend ist, Abgaben zu zahlen. Sie muß auch, möglichst ohne viel Gewalteinsatz, verstehen, diese Steuern regelmäßig einzutreiben.

Der mittelalterliche Bauer brauchte zur Zeit der Subsistenzwirtschaft »den Staat« nur für eine einzige Aufgabe: um sein Land vor Feinden zu schützen, die ihn hinderten, sein Feld zu bebauen und den Ertrag seiner Felder zu genießen. Er gab dafür, wie schon erwähnt, den Zehnten, eine an heutigen Maßstäben gemessen bescheidene Steuer, und auch die gab er meistens nicht ganz freiwillig. In der Ära der sich entwickelnden Arbeitsteilung, des weltweiten Handels, der Eroberung der Kolonien aber verlangte man mehr vom Staat: Verkehrsmittel, Städteplanung, Verwaltungen, Erziehung, Sozialeinrichtungen (Armenhäuser), gut ausgebildete Armeen und zivile Gerichtsbarkeit. Um dies alles zu organisieren, modernisierte der Absolutismus die ganze Verwaltung. Neben den beamteten Staatsdienern schuf er eine besondere Gruppe von »Zivilsoldaten«, ebenfalls per Uniform kenntlich, die Polizei. Die Zentralmacht wird also durch ein soziales Gefüge und die Instrumente der Machtsicherung im Inneren zugleich legitimiert wie abgesichert.

Wenn es nicht gelingt, diese doppelten Schlüsselmonopole: das Gewaltmonopol und das Abgabenmonopol zu errichten und auf Dauer aufrecht zu erhalten, gibt es keinen gesellschaftlichen Frieden. Wenn das staatliche Gewaltmonopol unterhöhlt wird und bald auch keine Steuern mehr durchsetzbar sind, zerfallen der Staat und das Gemeinwesen. Nach dem Untergang der Sowjetmacht sind das die akutesten Krisensignale aus Osteuropa: Die Mafia zieht die Steuern ein, umherziehende Banden bewaffnen sich selbst. Der Staat verliert jede Autorität.

Die vierte Bedingung zur Durchsetzung des staatlichen Gewaltmonopols ist erst in nachabsolutistischer Zeit gelungen: die Errichtung des Rechtswesens und der formalisierten Rechtsprechung. Es ist schwer, einem Menschen, der keine anderen Erfahrungen besitzt als die eines Rechtsstaats, noch das Mirakel klarzumachen, das die Errichtung der dritten Gewalt, des unabhängigen Rechtswesens, bedeutet. Hätte es nicht die Erfahrung mit Anarchie und Blutracheexzessen gegeben, schon der absolute Herrscher hätte nicht die Akzeptanz des Gewaltmonopols und der Rechtsprechung in seiner Hand durchsetzen können. Seit der bürgerlichen Revolution aber ist das Rechtswesen das Wunder schlechthin bei gelungenen Staatsbildungen. Heißt es doch: Nicht nur das Unrecht, sondern auch die Rache für das Unrecht wird nicht mehr nach Belieben und Vermögen wahrgenommen, sondern liegt in den Händen der dritten Gewalt, die feste Regeln kennt und auch die Machtmittel besitzt, gesprochenes Recht durchzusetzen. Damit ist die Gefahr der Eskalation innergesellschaftlicher Konflikte dauerhaft mit einiger Aussicht auf Erfolg gebannt.

Das Gewaltmonopol des Staates kann nur dauerhaft erhalten werden, wenn Recht geschieht. Alle weitere Entwicklung des Rechtsstaats und der Rechtsprechung ist nur Vervollkommnung dieses Grundgedankens, der im Laufe der Neuzeit immer sublimer ausgearbeitet wird. In dieser Tradition steht das Bemühen um gerechte, von der Exekutive unabhängige Richter, das Primat der Unschuldsvermutung für den Angeklagten, der Verzicht auf den Sühnegedanken und den Begriff untilgbarer Schuld, der Verzicht auf die Todesstrafe, das Bemühen um Resozialisierung und die Idee, daß jedes Mitglied der Gesellschaft eine Chance zum Neuanfang erhalten muß, sogar der Rechtsbrecher. Dies alles mit der Idee eines allgemeinen Rechts zu verbinden und gegen das spontane Rechts- oder Unrechtsempfinden der Streitparteien durchzusetzen, die aktuellen Leidenschaften unterworfen sind, ist die große Leistung moderner Rechtsstaaten.

Zivilisation und Gewalt [17]

Die Staaten könnten sich um die Errichtung eines Gewaltmonopols mühen, so sehr sie auch wollten, niemals würden sie damit Erfolg haben, wenn ihnen nicht auf seiten der Staatsbürger etwas entgegenkäme, das diesem zustimmte, meist ohne äußeren Zwang und formalen Vertragsabschluß. Diese Voraussetzung, ohne die kein moderner Staat handlungsfähig wäre, dieser geheimnisvolle unausgesprochene Konsens zu etwas, das von allen gemeinsam nach einem vorgegebenen Code vollzogen wird, der gilt, obwohl er nirgendwo aufgeschrieben ist, diese stumme bindende Übereinkunft nennen wir Zivilisation. Von großer Aktualität ist die Frage, ob es dauerhaft einen solchen Zivilisationsbund zwischen Staat und Gesellschaft geben wird und was der Prozeß der Zivilisation leistet, um die Alltagsgewalt zurückzudrängen und die Chaosängste der Menschen zu besänftigen. Zweifel werden wach, die Unsicherheit nimmt zu, und eine Ahnung taucht auf, zum Ausgang des zwanzigsten Jahrhunderts werde die Decke der Zivilisation dünn und sehr brüchig. Darunter aber, so die wachsende Furcht, kommt etwas Barbarisches, Ungestaltes im heutigen Europa zum Vorschein, dessen die Gesellschaft nur zeitweilig, nie aber mit bleibendem Erfolg mächtig werden könne.

Gibt es überhaupt so etwas wie einen Prozeß der Zivilisierung menschlichen Alltagsverhaltens, dessen Richtung mehr ist als eine Aneinanderreihung von Zufällen und Reaktionen auf Tagesereignisse? Der berühmte Chronist der europäischen Zivilisation, Norbert Elias, ist in seinem Werk immer wieder der Vermutung nachgegangen, »daß es langfristige Wandlungen der Affekt- und Kontrollstrukturen von Menschen bestimmter Gesellschaften gibt, die über eine ganze Reihe von Generationen hin in ein und dieselbe Richtung gehen«. [18] Er hat sich gefragt: Wie ging eigentlich die Veränderung der Zivilisation im Abendland vor sich, was stellte

die Ähnlichkeit im Verhalten vieler Individuen her, was zähmte ihre Aggressionsbereitschaft und bestimmte ihr kollektives Gruppenverhalten? Besonders in seinen Studien über die mittelalterliche Gesellschaft hat er dokumentiert, wie diese Wandlungen des Verhaltens in den jeweiligen politisch-kulturellen Zentren der Epoche vorgebildet und zu immer größerer Verfeinerung getrieben wurden und wie sie sich von diesen Machtzentren aus mittels Vorbild, Wirtschaftserfolg, Kultur, Erziehung und Mode in den umliegenden Gesellschaftsbereichen als regulierende Verhaltensnorm durchsetzten, bis sie alles prägten, die Tischsitten und Sprachgewohnheiten, sogar die Scham- und Peinlichkeitsempfindungen. »Der Standard des gesellschaftlich Geforderten und Verbotenen ändert sich; ihm entsprechend verlagert sich die Schwelle der gesellschaftlich gezüchteten Unlust und Angst; und die Frage der soziogenen menschlichen Ängste erweist sich als eines der Kernprobleme des Zivilisationsprozesses.«[19]
So geheimnisvoll und verwirrend dieser gesellschaftliche Prozeß ist, so beladen mit kollektiven Zwängen und Versagensängsten, jedes einzelne Individuum in entwickelten Gesellschaften muß diesen Prozeß noch einmal mitvollziehen, will es den Normen und Verhaltensstandards seiner Epoche entsprechen. »Der spezifische Prozeß des psychischen ›Erwachsenwerdens‹ in den abendländischen Gesellschaften, der den Psychologen und Pädagogen heute oft genug Anlaß zum Nachdenken gibt, ist nichts anderes als der individuelle Zivilisationsprozeß, dem jeder Heranwachsende in den zivilisierten Gesellschaften als Folge des jahrhundertelangen, gesellschaftlichen Zivilisationsprozesses von klein auf automatisch in höherem oder geringerem Grade und mit mehr oder weniger Erfolg unterworfen wird.«[20]
Zivilisation ist danach eine Methode der kollektiven Selbsterziehung des Menschengeschlechts, sie geschieht nach eigenen selbsterfundenen und selbstgefundenen Verhaltensregeln, ohne äußerlichen Zwang, sogar ohne göttliche Gebote und religiöse

Vorschriften. Daß dem allen eine bestimmte Figuration zugrundeliege, ein vorgegebener Formwille, ein Gesellschaftstanz besonderer Art, war die Vermutung von Norbert Elias.

Längst ist die Ansicht widerlegt, daß dieser Prozeß der Zivilisation einen immerwährenden Fortschritt und eine permanente Veredelung des menschlichen Verhaltens und seiner Triebstruktur zur Folge hätte. Diese Hoffnung ist endgültig durch das 20. Jahrhundert mit seinen Massenverbrechen und Völkermorden obsolet geworden. Die Hochzivilisation Mitteleuropas erwies sich als besonders anfällig für den Rückfall in die Barbarei. So setzte sich denn auch Elias damit auseinander, daß, als Reaktion auf die Verbrechen des Nationalsozialismus, die Soziologie überhaupt keine Analysen von Zivilisationsprozessen mehr wage und nur noch an der Entwicklung des Individuums und seiner Freiheitsräume, des homo clausus, der »Selbste im Gehäuse«, interessiert sei. Von denen aber, so Elias, kann keiner genau bestimmen, wie die soziale Kommunikation mit der umgebenden Welt vonstatten geht und welcher Art die Wände oder Häute sind, die das »Innere« dieser Selbste vom »Äußeren« abschließen.

Alice Miller und Hans-Peter Dürr erforschten die Destruktionsprozesse und die endlose Reihe der vergeblichen Versuche, Menschen zu zivilisieren, die schwarze Pädagogik, die Geschichte der monströsen Biographien, die Tragödie der nicht gelungenen Erziehung des Menschengeschlechts. Zum Pessimismus war Anlaß genug. Nach Hitler und nach Auschwitz konnte von Zivilisation als eindeutig positivem Begriff nicht länger die Rede sein.

Diese Konsequenz zu ziehen ist naheliegend, aber doch nicht letztgültig zwingend. Zwar war der Glaube an einen ständigen *Fortschritt* der europäischen Hochzivilisation gebrochen durch die gigantischen Verbrechen des zwanzigsten Jahrhunderts. Doch ist damit das Bemühen um Zivilisation noch nicht mitdiskreditiert, es sei denn, man hält die nationalsozialistischen Verbrechen nicht für den Bruch und die Krise, sondern für den logischen Endpunkt eines kapitalistischen Zivilisationsmodells.

In den 68er Jahren intonierten die Sprechchöre der Studentenbewegung: Kapitalismus führt zum Faschismus, Kapitalismus muß weg! Vorbild dieser Studenten war die maoistische Kulturrevolution, die sich ausdrücklich gegen das westliche *Zivilisationsmodell* als Ganzes richtete – mit seinen merkwürdigen Regeln für ein gesittetes gesellschaftliches Miteinander, mit diesen altmodischen Vorschriften einer bürgerlichen Gesellschaft, mit diesen seltsam unpraktisch erscheinenden Hemmungsmechanismen, einem Todfeind auf offener Straße je nach Lust und Leidenschaft den Schädel einschlagen zu dürfen. Zusammen mit den nationalsozialistischen Verbrechen ist die Kulturrevolution in China deswegen auch ein beunruhigendes Beispiel einer moralisch-ethischen Konterrevolution, einer Revolution gegen die Zivilisation schlechthin, einer selbstgewählten Re-Barbarisierung.

Noch einmal: Was ist und was bewirkt der Prozeß der Zivilisation? Worin besteht sein gesellschaftlicher Nutzen? Die Zivilisation ist erworbenes Sozialverhalten, geronnene Tradition, und ersetzt damit den fehlenden Überlebensinstinkt der menschlichen Gemeinwesen. Die Zivilisation leistet in profanen Gesellschaften das, was in den frühen Kulturen die Ethik-, Weisheits- und Hygieneregeln der Religionen bewirkten: sie setzten Normen für den sozialen Umgang und machten damit die Mitglieder einer Gruppe untereinander in ihrem Verhalten verträglich und berechenbar. Mord und Totschlag, Lüge, Raub und Betrug zu unterbinden, gehörte ebenso dazu wie die Vorschriften, wann die Hände zu waschen, welche Speisen und Getränke zu meiden waren und wie man sich gegenseitig Respekt und Friedlichkeit bescheinigte.

Die Meisterleistung der Zivilisation ist die Aufrichtung bestimmter Respektschranken zwischen den Individuen und die Zähmung des Rache- und Gerechtigkeitsbedürfnisses der Menschen, wie es sich im Faustrecht und der Blutrache zu allen Zeiten Bahn brach.

Diese heftigste aller spontanen Regungen, den blinden Zorn, zu bändigen, gibt es, wie wir gesehen haben, ein ganzes Bündel von

Nothelfern: einen Gott, der sagt: Mein ist die Rache; eine Religion, die sagt: Mäßige deine Affekte und konzentriere dein Streben auf das Jenseits oder das Nirwana; einen Kult, der sagt: Nur am Ort des Heiligen wird eine Reinigung vollzogen; einen Staat, der sagt: Ich habe das Monopol über die Gewaltausübung; ein Rechtssystem, das sagt: Ich sorge für Gerechtigkeit.

In Ergänzung oder auch als Ersatz für diese vielerlei Ordnungsmächte dämpft und kanalisiert die Zivilisation die Aggression im Alltagsleben. Der Zivilisation fehlt es an jeglichen sakralen Weihen und höherer Autorität. Da sie um diese ihre Schwäche weiß, setzt sie auf Übung, Norm und Vermeidung von gefährlichen Situationen. So versucht sie z. B., den Gebrauch von potentiellen Tötungsinstrumenten strikt zu reduzieren, bis nicht nur der Colt vom Gürtel und aus der Schublade verschwindet, sondern auch das scharfe Messer von der Tafel. (Die asiatische Hochzivilisation kennt nur noch Stäbchen!) Sie vermittelt auch Regeln der gegenseitigen Schonung, sie hilft, allerlei Belästigungen des Mitmenschen zu vermeiden: Spuck nicht auf den Boden! Rülpse nicht bei Tisch! Sie bremst die schnelle Aufwallung von Streit und Gereiztheiten: Fluche nicht! Sei höflich zu alten Leuten! Sitz still! Rede nicht dazwischen! Sie sorgt für Hygiene: Wasch dir die Hände! Gib die rechte Hand!

Die bürgerliche Gesellschaft hat dieses System der Einübung von Sozialverträglichkeiten bis zur Perfektion, manchmal sogar bis zur Perversion ausgebildet. Ein Gutteil aller Erziehungen im Grund- und Hauptschulwesen ist Training im erwünschten Sozialverhalten, in den berühmten Sekundärtugenden: Sauberkeit, Fleiß, Ordnung, Pünktlichkeit, Berechenbarkeit. Diese Zivilisation ist die Voraussetzung aller hochentwickelten Leistungsgesellschaften. Nur gelegentlich ahnt man noch etwas von der unglaublichen Perfektion des Regelwerks, von der Künstlichkeit der Sozialgebilde, die so entstanden sind: Millionen von gut trainierten Menschen, die sich, und zwar ohne äußeren Zwang, nach denselben

Verhaltensregeln zueinander »richtig« verhalten und so in hochkomplexen Umgebungen aneinander vorbeihuschen, ohne sich permanent gegenseitig zu schädigen. Eine soziale Skulptur, ein lebendiges Kunstwerk, ein imponierendes Gesamtarrangement.
Dafür, daß die Gesellschaft sich einen Entwurf von sich selbst als Sozialgefüge macht und sich dann auch bemüht, diesem Entwurf ähnlich zu werden, fühlt sich eine historische Gruppe besonders verantwortlich: das Bürgertum. Zivilisation entwickelt sich in den gesellschaftlichen Zentren, da, wo das Leben besonders pulsiert. Die mittelalterliche Gesellschaft hatte ihre Zivilisationsregeln, das ritterliche Verhalten, für die Fürstenhöfe entwickelt, ließ die Bauern davon aber weitgehend verschont, außer daß sie in der Kirche bestimmten Anstandsregeln unterworfen wurden. Der Absolutismus hingegen zielte mit seinen höfischen Sitten schon auf alle, die in einem Staat Karriere machen wollten, während der dritte Stand nichts merkwürdiger und komischer fand und sich über nichts mehr amüsierte als über diesen gekünstelten höfischen Verhaltenskodex. Erst die bürgerliche Gesellschaft macht eine bestimmte Kultur von freiwillig eingehaltenen profanen Verhaltensregeln zum umfassenden Formprinzip der Gesellschaft, dem sich bald niemand mehr entziehen kann und will, der dazugehören oder sogar sozial aufsteigen will.
Der Geburtsort dessen, was wir die europäische Zivilisation nennen, ist die Stadt. Zivilisation ist Stadtkultur, ihre Kinderstube waren die großen Handelszentren, die Hansestädte und die freien Reichsstädte. Zivilisation ist hier der Verhaltenskodex und der Wertekanon der freien Bürger. Selbstbewußt und voll Stolz auf die gelungene Emanzipation gegenüber der Feudalkultur, bestimmen die Stadtbürger selbst ihre Sozialregeln, ihre Tugenden und Verhaltensnormen. Sie lassen sie sich weder von den Kanzeln noch von den Thronen verkünden und aufoktroyieren. Natürlich ist auch die Stadt nicht frei von Ängsten, davon sprechen schon die gewaltigen Mauern und Wehranlagen und die permanente Verpflichtung aller

Stadtbürger zur Wachsamkeit und zum Waffendienst. Das Ergebnis aber bedeutet für den Einzelnen doch eine erstaunliche soziale Lernleistung, viel umfangreicher als sie je ein Fürst für seine Untertanen hätte ersinnen und durchsetzen können.
Die neuen Regeln der Zivilisation legitimieren sich aus den Notwendigkeiten des Stadtlebens: Die Stadt lebt mit der Kirchturmuhr und nicht mehr nach dem Aufgang und Untergang der Sonne, die Stadt fordert für ihre Wirtschaftsentwicklung eine bestimmte Arbeitsleistung und -disziplin ihrer Gesellen und Handwerker, sie braucht für das friedliche Zusammenleben so vieler Menschen auf engem Raum eine nach innen entwaffnete, nach außen wehrhafte Bürgerschaft, sie fordert die Einhaltung von Hygieneverordnungen und die Bezahlung von Abgaben. Sie entwickelt eine gewisse Toleranz und Multikulturalität in Glaubensfragen und erste Sozialsysteme für die Stadtarmen. Wer höheren Standes ist, weiß, daß er dies durch seinen Beitrag für das Gemeinwesen dokumentieren muß: als Mäzen für Kunst und Kultur, als Stifter von Bildungs- und Sozialeinrichtungen oder durch die Übernahme eines politischen Amtes auf Zeit.
Niemand war je so erfinderisch in der Herausbildung von Zivilisationsleistungen und -tugenden wie das Bürgertum. Die Stadt und das Bürgertum sind damit das eigentliche Zentrum der europäischen Kultur. Davon reden die Steine, Rathäuser, Marktplätze und Dome von Rom bis Riga, von Prag bis Madrid.
Kulturelles Leitmodell und zivilisationsbestimmend blieb das Bürgertum in Europa bis ins zwanzigste Jahrhundert. Es war deswegen nur folgerichtig und von eherner Logik, daß die revolutionären Ideologien dieses Jahrhunderts, der Nationalsozialismus wie der Bolschewismus, bei ihren Angriffen auf die bestehenden Gesellschaften letztlich auf das Bürgertum zielten, das sie zu beseitigen trachteten. Revolutionen zielen nie zuerst auf das Machtzentrum selbst, sie zielen immer zunächst auf die zivilisationstragenden Schichten, auf die kulturellen Eliten eines Staates. Erst wenn diese

delegitimiert sind, wenn sie mit den neuen Ideologien kollaborieren oder wenn sie liquidiert wurden, sind die Gesellschaften für die neuen Machthaber eine leichte Beute.

Nationalsozialismus und Bolschewismus, beide Ideologien sahen das Bildungsbürgertum und die »großen Familien«, die die bürgerliche Identität nach ihrem Vorbild prägten, als ihre entschiedensten Gegner an. Beide mobilisierten dagegen die Aggressionen, die Minderwertigkeitsgefühle und den Vernichtungswillen der unteren Schichten und der Kleinbürger. Ihre Methode war kulturrevolutionär, sie schickte sich an, jene zivilisatorischen Standards über Bord zu werfen, die in Jahrhunderten gewachsen und gesellschaftliches Allgemeingut geworden waren. Damit setzten sie eine Gewalt und Brutalität ohnegleichen frei. Zwei Länder und zwei Imperien waren davon mehr als alle anderen betroffen: Deutschland und Rußland.

Von diesem kulturellen und zivilisatorischen Aderlaß hat sich Ost- und Mitteleuropa, aber auch Deutschland bis heute nicht erholt. Das jüdische Bürgertum, das sich den zivilen und humanen Traditionen Europas, schon aus Gründen der eigenen Emanzipation, besonders verpflichtet gefühlt hatte, ist durch die Nationalsozialisten und oft noch einmal durch die Stalinisten vertrieben oder vernichtet worden. Je mehr man sich die entscheidende kreative Rolle der jüdischen Intelligenz und des jüdischen Bürgertums für die Kultur und Zivilisation der großen Stadtkulturen in Europa vor Augen führt, um so deutlicher ist, daß der Völkermord an den Juden durch das nationalsozialistische Deutschland nicht nur rassistische, sondern auch antibürgerliche Ressentiments als Voraussetzung hatte.

Dieser aus Minderwertigkeitsgefühlen entfesselte Haß hat auch die großen traditionsreichen Familien Mitteleuropas dezimiert oder korrumpiert. In manchen Ländern, auch in der ehemaligen DDR, hat er zur Zerstörung oder Auswanderung der gesamten früheren Oberschicht geführt. Heute sind an die Stelle der alten

»Säulen des Staates«, der kulturprägenden bürgerlichen Schichten, in Ost wie in West die verschiedenen Partei- und Staatsfunktionäre getreten, die funktionieren, aber eine weitergehende existentielle Verantwortung für das Gemeinwesen weder sehen noch wünschen. Solche Funktionäre sind oft kulturelle Nihilisten. In diese Leerstelle, in das entstehende Machtvakuum hinein strömen allerlei Kräfte der unterschiedlichsten Couleur: die Bürokratien, die Interessengruppen, die Mafia.

Das krisengeschüttelte Europa benötigte heute nichts dringender als eine am Gemeinwohl interessierte Schicht, die Kreativität und Kompetenz besäße, von neuem die Gesellschaft kulturell zu prägen. Gäbe es diese, so könnte sie zumindest den Versuch unternehmen, eine Alternative oder gar eine Autorität gegenüber den Quellen der Gewalt im Alltag der Städte neu zu installieren.

Doch dieser Wunsch ist politische Tagträumerei. Das Vakuum ist unausfüllbar, zumal keineswegs Übereinstimmung herrscht, daß da überhaupt ein Verlust zu beklagen wäre. Eine bürgerliche Kultur und Zivilisation braucht mindestens drei Generationen, bis sie sich von neuem ausgebildet hat.

Verfall der Akzeptanz des staatlichen Gewaltmonopols [21]

Welche Strategien, welche positiven Energien hat die Neuzeit entwickelt, um die Ausbreitung der Gewalt in den Gesellschaften zu unterbinden, was hat sie an Lösungen gefunden, um das Alltagsleben zu pazifieren? Die alten Hochkulturen, so hatten wir im ersten Teil festgestellt, konnten noch auf die friedensstiftende Macht von Kult, Religion, Magie zurückgreifen und schlimmstenfalls auf allerlei innergesellschaftliche Gewaltventile – die Sündenböcke, die Gladiatorenspiele, die mittelalterlichen Hexenprozesse. Nach der großen Zäsur in der europäischen Geschichte, nach der Zeitenwende der Religionskriege und den sozialen Erschütterungen des 16. Jahrhunderts erschien in der darauffolgenden Epoche des Absolutismus und der frühen Aufklärung der Rückgriff auf profane Mittel geboten. Solche nichtreligiösen Instrumente waren: die staatliche Verfaßtheit der Gemeinwesen und die öffentliche Verwaltung mit ihren Staatsbeamten, das Gewaltmonopol des Staates, die städtische Zivilisation, und wenig später schon die großen Theorien eines Gesellschaftsvertrages, der die Rechte und Pflichten aller Mitglieder des Gemeinwesens zum Fundament hatte (Hobbes, Locke, Montesquieu).

Die entstehenden europäischen Nationalstaaten, die auf solchen Prinzipien beruhten, brachten ihren Staatsbürgern zunächst einen erheblichen Zugewinn an Sicherheit und individueller Freiheit. Deswegen ist es schwer vorstellbar, warum solche »Wunderwerke« innergesellschaftlicher Übereinkunft, beispielsweise das Gewaltmonopol des Staates und die bürgerliche Zivilisation, jemals leichtfertig in Frage gestellt werden konnten. Diese Leichtfertigkeit muß ihre Gründe haben, und es müssen gute Gründe sein, nimmt man nicht an, wofür nichts spricht, daß die Menschen überhaupt chaosgeneigte und zu sinnloser Destruktion neigende Lebewesen sind. Was also waren die Gründe für eine abnehmende Akzeptanz des staatlichen Gewaltmonopols?

Der erste Grund liegt darin, daß das staatliche Gewaltmonopol immer auch ein uneingelöstes Versprechen ist, eine permanente Vortäuschung falscher Sicherheiten. Nichts bleibt, wie es ist. Diese Banalität gilt ebenso für das Leben der Gesellschaften: nichts ist dauerhaft stabil, nichts für immer geschützt, kein Augenblick im geschichtlichen Verlauf gibt sich als Idealzustand zu erkennen, indem er die Menschen rundum zufrieden stellt.

Als großartig und überzeugend lassen sich die höchsten Errungenschaften der Zivilisation immer erst im weichgezeichneten Licht der Vergangenheit ausdeuten – oder im Dämmergrau der Theorien. Der Gegenwartsblick ist gnadenloser, er klebt an den häßlichen Widersprüchen, empört sich über das Nicht-Gelungene. Auch das staatliche Gewaltmonopol schafft keine gewaltfreie Gesellschaft. Es setzt auf Konsens, der aber kann jederzeit aufgekündigt werden, besonders leicht in den Phasen, wo das Gedächtnis an die Zeiten der gesellschaftsgründenden Krise, der Einbrüche roher Gewalt, verschwimmt. Gerade lange Friedenszeiten und die verblassenden Erinnerungen an die Gründe, warum die Gesellschaft einstmals dem zustimmte, daß der Staat ein Monopolrecht auf Gewaltausübung haben solle, neigen dazu, das Gewaltmonopol zu unterhöhlen und die Rückkehr der Gewalt in die Gesellschaft zuzulassen.

Eine praktische Erfahrung kommt hinzu: die ernüchternde Wirklichkeit der verweigerten oder verschleppten Reformen. Alle saturierten Friedensgesellschaften haben große Schwierigkeiten, aus sich heraus und nur mit friedlichen Mitteln Reformen zu initiieren. Die Drohung mit Gewalt aber ist ein starkes Argument und ein großer Beschleuniger. Die Sorge vor möglicher Gewalt und gewalthaltigen Eskalationen haben nicht selten die Geburtswehen verzögerter Reformen ausgelöst. Ungeduldige Temperamente,

Revolutionäre und Hitzköpfe wissen das und sprechen von der erlösenden »Propaganda der Tat«.

Im Europa des zwanzigsten Jahrhunderts hatte die Schwäche des staatlichen Gewaltmonopols allerdings eine tiefere Ursache als die normale Abnutzung einer guten Idee in langen faulen Friedenszeiten: In Deutschland, in Italien, in Spanien, also in den Ländern mit faschistischen Regimes, war der Staat lange Zeit im innersten Kern delegitimiert durch den Mißbrauch und die verbrecherische Akkumulation von Gewalt gerade *durch* den Staat selbst und seine Instrumente des staatlichen Gewaltmonopols.

Die NS-Massenverbrechen waren zuallererst Staatsverbrechen, das machte einen Teil ihres totalitären Charakters aus, aber auch ihre Banalität des Bösen (H. Ahrendt). Die Völkermorde und Massenvernichtungen waren geplant von Staatsbürokratien, ausgeführt von Staatsbeamten, exekutiert von Staatsgerichten und Staatsdienern, abgesegnet von Staatsmännern. Wie sollte man sich einem solchen Monster an Gewaltakkumulation je wieder vertrauensvoll in die Hand begeben, das sich doch auf nichts besser verstand als auf die unkontrollierbare Vermehrung der innergesellschaftlichen Gewalt? Der Faschismus war nicht nur ein gesellschaftliches Trauma, er war auch ein Staatstrauma, er war eine Bankrotterklärung der Idee des Staates überhaupt.

Die politische Linke in Deutschland mißtraute fortan beiden: dem Volk und dem Staat. In ihrem unausgesprochenen Selbstverständnis verstand sie sich als Fremdling im eigenen Land, als Gegengesellschaft, ausgestattet mit einem sehr feinen Gespür für staatliche Übergriffe, immer bereit, den staatlichen Instanzen die Treue aufzukündigen und ins innere oder äußere Exil zu gehen. Diese staatsbürgerliche Irritierbarkeit, die Züge von Schreckhaftigkeit und sogar Panik tragen konnte, war nicht einfach selbst verschuldet, wie einige glückliche Konservative meinen, denen der seelische Sprung in die Nachkriegsheimat besser gelang. Ein Teil des Landes mußte das monströse nationale Erbe der Deutschen ja antreten, inklusive der darin enthaltenen tiefen Verunsicherungen der eigenen Identität. Dazu gab es letztlich keine Alternative, das war auch nicht nach Lust und Laune im eigenen Kopf änderbar. Späte Geburten mit solchen Erbschaften werden nicht als Gnade empfunden, sondern als Verhängnis. Es gibt eine Geschichte von Franz Kafka, die man auch als Parabel für die fast fremdbestimmte Staatsferne einer ganzen Generation lesen kann: »Vor dem Gesetz«. Vor dem Gesetz steht ein Türhüter. Etwas hindert den Mann vor der Tür, hineinzugehen, obwohl er immer an dem Türhüter vorbei will. Manchmal fällt ein Lichtschein vom fernen Gesetz durch einen Türspalt zu ihm auf die Straße, wo er wartet, sehnsüchtig, geduldig und mutlos. Am Ende erfährt der Mann, draußen vor der Tür, daß dieser eine Eingang nur für ihn bestimmt war, für ihn ganz allein. So kam die politische Linke nie richtig in diesem Staat an.

Wäre die Delegitimierung des Staates und des staatlichen Gewaltmonopols ausschließlich der faschistischen Vergangenheit geschuldet, die immense staatsbürgerliche Erschütterung, jene Mischung aus Scham, Schuldbewußtsein, Empörung und Kränkung, würde womöglich mit der Zeit verblassen. Sie könnte dann einer neuen, vorsichtigen Identität Platz machen, die in der Lage wäre, den Vertrag zwischen Staat und Gesellschaft auf veränderter Grundlage zu schließen und die Gewalt durch eine bessere staatliche Autorität erneut zu marginalisieren. Doch scheint auch das schwer möglich. Was steht dem im Wege? Die Unfähigkeit der Regierungen der hochzivilisierten Welt, die Zukunftsfragen der Menschheit ernstzunehmen. Vergessene Zukunftsfragen stacheln auch die Gewalt an.

Große Teile Europas werden immer noch nach dem Know-how und mit den Warnsignalen jener Politikergeneration regiert, deren entscheidende Gewalterfahrung der Krieg war und die sich deswegen eine ökologische Katastrophe mit noch größerem Zerstörungspotential einfach nicht vorstellen können. Diese Phantasie-Blockade ist biographisch durchaus verständlich, politisch ist sie

den heutigen Notwendigkeiten gegenüber längst nicht mehr adäquat. Die zu ahnungslosen Bedrohungsszenarien dieser Politikerschule sorgen für konservative Stagnation, mehren aber gleichzeitig die Unruhe bei denen, die die Überlebensfrage umtreibt.
Die Gerontokratie ist eine im Europa des ausgehenden Jahrtausends weitverbreitete Form patriarchalischer Machtverwaltung, jedoch ohne den klassischen Nutzen des Patriarchats: der verläßlichen Sicherung der Generationenfolge. Heute geht die Verunsicherung des staatlichen Gewaltmonopols am stärksten davon aus, daß die Menschen das Vertrauen in die Zukunftstauglichkeit der staatlichen Institutionen verlieren. Einzelne Bürger, voran die jungen, verlassen jenen Zustand, den Günther Anders die »Antiquiertheit des Menschen« genannt hat: jene herkömmliche Selbstverständlichkeit, daß wir ständig etwas tun, produzieren, entscheiden oder entscheiden lassen, ohne zu wissen, was wir da eigentlich tun. Eine neue Aufklärung macht die Menschen klug in bezug auf die Folgen ihres Lebens und Arbeitens. Deswegen macht es sie aber auch so unruhig. Der Chaospegel steigt, die Bereitschaft zu gewaltsamen Entladungen der aufgestauten Ängste ebenso.

Hannah Ahrendt: Macht und Gewalt [22]

Die totalitären Regimes in Europa hatten eine verhängnisvolle Hypothek zum Ergebnis. Sie haben den Beweis erbracht, daß die größten Verbrechen, Vernichtung und Völkermord, direkt von den Spitzen des Staates aus geplant und organisiert werden können. In der Einschätzung vieler Menschen gehörten fortan öffentliche Macht und die Tendenz zum Gewaltmißbrauch untrennbar zusammen. Der Staat wurde moralisch häßlich, staatliche Institutionen wurden zu »unreinen Zonen« des öffentlichen Lebens – so die weitverbreitete Ansicht vor allem der jungen Nachkriegseuropäer, die mit der Erbschaft der Verbrechen ihrer Väter und im Schatten der Atombombe aufgewachsen waren. Alle Staatsmacht, so ihre Sorge, drängt zu unbegrenzter Gewaltakkumulation. Das machte eine positive Grundaussage über staatliche Macht fast unmöglich, es unterhöhlte nicht nur das Vertrauen in die Handhabung des Gewaltmonopols in den Händen des Staates, sondern schuf, zumindest in weiten Teilen der Linken, ein Grundmißtrauen gegenüber allen staatlichen Institutionen. Man verstand sich als Gegengesellschaft, als exterritoriale Opposition. Daß es ein Verständnis von Machtgebrauch und Staatsorganisation geben könnte, das nicht in einer problematischen Nähe zur Gewalt stehe, galt selbst für erfahrene Demokraten als keineswegs sicher.

Umgekehrt hieß das aber auch: Änderung staatlicher Machtverhältnisse schien letztlich nur mit den Mitteln der Gewalt vorstellbar. Wenn schon der Staat selbst alle Macht aus der Gewalt erhält, so sehen sich auch die, die grundlegende Veränderungen staatlicher Macht anstreben, geradezu moralisch genötigt, auf Gewalt zurückzugreifen. »Alle Macht kommt aus den Gewehrläufen«, hatte Mao Tse-tung gesagt, und die weltweiten Solidaritätsbewegungen der Studenten gegen den Vietnamkrieg skandierten das 1967/68 so begeistert und überzeugt wie die Forderung nach dem »Sieg im Volkskrieg!«

Keine Macht ohne konstituierende Gewalt, das war common sense nicht nur bei den Unterstützern der Befreiungsbewegungen der Dritten Welt, es findet immer noch allseits breite Zustimmung bei konservativen wie sozialistischen, bei anarchistischen wie liberalen Theoretikern und Praktikern, die gemeinsam der Ansicht sind, daß alle Staaten der Welt aus Gewalt geboren werden. Trotzki hatte das in den Lehrsatz gefaßt: »Jeder Staat wird auf Gewalt gegründet«, und Max Weber hatte, dies zitierend, hinzugefügt: »Das ist in der Tat richtig.« Seiner Definition nach ist der Staat folglich »ein auf das Mittel der legitimen (das heißt: als legitim angesehenen) Gewaltsamkeit gestütztes Herrschaftsverhältnis von Menschen über Menschen«.

Wenn alle Staatsmacht aus der Ausübung von Gewalt kommt, dann ist Gewaltkritik immer auch Staatskritik, dann ist Staatsverwaltung immer gewalthaltig, und dann dürften folgerichtig diejenigen, die sich von der Gewalt fernhalten wollen, nie ein Staatsamt anstreben. »Verantwortungsethik« wird bei Max Weber von »Gesinnungsethik« getrennt, wobei die erste für den Bereich der Politik, die zweite für den Bereich der Moral gilt. Auf unmerkliche Weise setzt sich hier das alte Verständnis der »zwei Reiche« auch in den modernen Staatstheorien durch: Im Reich des Guten, der ethischen Werte, der moralischen Orientierungen, gibt es die Forderung nach Gewaltfreiheit und Feindesliebe, im irdischen, profanen, weltlichen Reich dagegen ist das utopisch, da gehören Gewalt und Gewaltanwendung zu den konstituierenden Momenten jeder staatlichen Ordnung, die ein verantwortlicher Politiker zu handhaben verstehen muß.

Diese große Koalition aller Realpolitiker bringt Hannah Arendt auf den Plan. Sie ist die Autorin, die am eindeutigsten dagegen Stellung nimmt, daß »man von Links bis Rechts der einhelligen Meinung ist, daß Macht und Gewalt dasselbe sind, beziehungsweise

daß Gewalt nichts weiter ist als die eklatanteste Manifestation von Macht«. Sie ist die erste, die gegen diese Gleichsetzung heftig polemisiert. »Diese Übereinstimmung ist sehr merkwürdig; denn politische Macht mit der organisierten Staatsgewalt gleichzusetzen hat nur Sinn, wenn man wie Marx den Staat als ein Instrument der Unterdrückung in der Hand der herrschenden Klasse versteht.«[23] Daß dieser heimliche Sieg marxistischer Theorien über das innerste Wesen des Staates auch im Lager bürgerlicher Staatstheoretiker unwidersprochen bleibt, scheint ihr mehr als sonderbar.
Das Verblüffende an der Argumentation Hannah Arendts ist, daß sie – zum ersten Mal und in aller Seelenruhe – die Begriffe getrennt denkt, deren innere Abhängigkeit bisher immer unhinterfragt vorausgesetzt wurde, und zwar von beiden Seiten, von den Staatsapologeten wie von den Staatskritikern. »Die Rolle der Gewalt in der Politik galt offenbar als so selbstverständlich, daß man sie noch nicht einmal eigens zu untersuchen oder in Frage zu stellen brauchte.« Was sie dabei stört, ist der Willkürcharakter, der Zynismus, der durch diese Voraussetzung, jene quasi gesetzmäßige Untrennbarkeit von Macht und Gewalt, in alles politische Handeln hineingerät. »Wer aber in der Geschichte nach einer Art Sinn suchte, dem mußte der dem gewalttätigen Handeln innewohnende Zufalls- und Willkürcharakter als der eigentliche Stein des Anstoßes in seinem ganzen Unternehmen erscheinen.«[24] Ihre beunruhigende Frage lautet: Wie kann man das Legitime, nämlich politische Macht und Handlungsautorität, mit etwas so Risikoreichem, Willkürlichem und in seinem praktischen Verlauf nicht Vorhersehbarem wie dem Einsatz von Gewalt anstreben und auf Dauer fest verbinden? Ist das etwa sinnvoller Gebrauch politischer Vernunft und Realitätstüchtigkeit oder nicht doch die Bankrotterklärung eines politischen Zauberlehrlings?
Hannah Arendt war eine der wenigen, die sich in der Frühphase der Studentenbewegung ziemlich nüchtern mit der Gewaltromantik und den »unverantwortlich großsprecherischen Redensarten«

eines Frantz Fanon und eines Jean Paul Sartre (»Die Gewalt gleich der Lanze des Achill ist imstande, die Wunden zu heilen, die sie schlägt«) auseinandersetzte. An der Neuen Linken kritisierte sie die Leichtfertigkeit, mit der sie dieser Faszination der Gewalt und ihren Beschwörungsformeln folgte, und die theoretische Dürftigkeit, mit der sie »die Wirklichkeit des zwanzigsten Jahrhunderts mit Kategorien des neunzehnten zu verstehen sucht«. Sie hielt diese Kritik auch aufrecht, trotz ihres fast liebevollen Interesses an dieser Neuen Linken und ihrer uneingeschränkt großen Hoffnungen in bezug auf die politische Kreativität gerade dieser Generation: »Sie ist ungewöhnlich mutig, sie hat Lust am Handeln und besitzt auch, wenigstens in Ländern mit politischer Tradition, einige Erfahrung darin und verfügt über einen vorläufig nicht aufgebrauchten Vorrat an Vertrauen in die Möglichkeit, durch Handeln die Welt zu verändern.«[25] Gerade darum aber schien es ihr von entscheidender Bedeutung, ob dieser neuen Generation der Linken endlich die theoretische und praktische Trennung von Macht und Gewalt nachhaltig gelänge.

Was ist Macht und wie kommt sie zustande, wenn sie nicht aus der Gewalt kommt? »Macht bedarf keiner Rechtfertigung, da sie allen menschlichen Gemeinschaften immer schon inhärent ist. Hingegen bedarf sie der Legitimität. Macht entsteht, wann immer Menschen sich zusammentun und gemeinsam handeln, ihre Legitimität beruht nicht auf den Zielen und Zwecken, die eine Gruppe sich jeweils setzt; sie stammt aus dem Machtursprung, der mit der Gründung der Gruppe zusammenfällt. Ein Machtanspruch legitimiert sich durch Berufung auf die Vergangenheit, während die Rechtfertigung eines Mittels durch einen Zweck erfolgt, der in der Zukunft liegt. Gewalt kann gerechtfertigt, aber sie kann niemals legitim sein.«[26]

Macht entsteht also durch Legitimität, und diese wiederum hat mit dem Ursprung, mit dem Gründungsakt, mit dem Gesellschaftsvertrag zu tun, der am Anfang einer Gruppenidentität steht. Macht setzt also Zustimmung und Konsens voraus, bevor sie überhaupt

entsteht. Sie ist nicht vor oder außerhalb jenes Prozesses, durch den eine Gemeinschaft sich bildet, sondern sie ist jener Prozeß selbst, sie ist Konstituierung eines Gemeinsamen durch die grundsätzliche Zustimmung aller Beteiligten.
Diese Macht, die aus dem Konsens kommt, kann verfallen, auch ohne äußere Gewaltmittel. Am deutlichsten wird dies bei Revolutionen, die in aller Regel unblutig beginnen. Die Macht zerrinnt, wenn sie die Zustimmung und die positive Unterstützung der sie konstituierenden Gruppe oder Gemeinschaft verliert. Zu dramatischen Machtzusammenbrüchen kommt es immer dann, wenn Polizei und Armee nicht mehr bereit sind, Befehle der staatlichen Instanzen zu befolgen und von ihren Waffen Gebrauch zu machen. Dem geht in der Regel ein dramatischer Verlust an staatlicher Legitimität und Autorität voraus.
Zu diesem Legitimitätsverlust tragen die staatlichen Instanzen gerade dann selbst bei, wenn sie die Ausübung von Macht und den Einsatz von Gewaltmitteln gleichsetzen oder wenn sie den Verlust an Zustimmung durch Gewalt erzwingen wollen. Zwar bricht brutale militärische Gewalt jede legitime Macht, aber sie ist unfähig, Macht neu zu konstituieren.
Wahr ist vielmehr: »Was niemals aus den Gewehrläufen kommt, ist Macht.«[27] »Man kann Macht durch Gewalt ersetzen, und dies kann zum Siege führen, aber der Preis solcher Siege ist sehr hoch; denn hier zahlen nicht nur die Besiegten, der Sieger zahlt mit dem Verlust der eigenen Macht.«[28] Dennoch haben Machthaber, die spüren, daß ihre Autorität und öffentliche Akzeptanz abnimmt und daß die Macht ihren Händen entgleitet, immer wieder versucht, die abnehmende Macht durch Gewalt zu ersetzen. Für Hannah Arendt gilt auch solchen Versuchen gegenüber der entscheidende Satz: »Gewalt kann Macht vernichten; sie ist gänzlich außerstande, Macht zu erzeugen.«[29]
Das war damit in aller philosophischen Deutlichkeit klargestellt und wird doch immer wieder neu bezweifelt. Aber welchen

Nutzen hat diese Unterscheidung für die politischen Bewegungen, welche Bedeutung hat sie für die politischen Strategien von Gruppen, die gesellschaftliche Reformen erreichen wollen? Sie sind, nach Hannah Arendt, ausschließlich auf den Weg verwiesen, Macht durch Legitimität und gesellschaftliche Akzeptanz zu erringen. Eine Verkürzung oder Beschleunigung des Weges zur Macht mit Hilfe von Gewalt ist kein Weg, sondern ein Irrweg. Er kann nicht zum Ziel führen.

Allerdings hat dieser Ansatz auch eine beunruhigende Konsequenz für die Inhaber staatlicher Macht. Sie werden ihre Macht verlieren, wenn sich deren Legitimität verliert. Legitimität aber braucht mehr als Wohlstand und Wirtschaftswachstum. Solchen leichten Tröstungen gegenüber erinnert Hannah Arendt »an eine der ältesten Einsichten der politischen Wissenschaft: daß nämlich Macht und Wohlstand nicht zusammenfallen; daß wirtschaftliche Potenz und gesellschaftlicher Reichtum vielmehr ein Staatswesen genauso unterminieren können wie wirtschaftliche Unfähigkeit und gesellschaftliches Elend«.[30] Es gibt zahlreiche historische Beispiele, daß reiche und wohlhabende Republiken zugrunde gingen, nicht weil sie so mächtige Feinde hatten, sondern weil sie nur noch so wenig Legitimität im Inneren besaßen.

Legitimität wird also aus anderen Stoffen gewonnen als aus leicht konsumierbaren Gegenwartsgütern. Alle großen Gesellschaftsveränderungen werden deshalb begonnen mit den Fragen, die im Zentrum aller staatlichen Legitimität stehen: Wo kommen wir her? Wo liegt unsere Zukunft? Wer sichert das Überleben der zukünftigen Generation in einer mehr als unsicher empfundenen Welt? Diese Fragen aber sind mit Gewalt nicht zu lösen.

Wofür brauchen wir einen Sündenbock?
René Girard und die
Theorie der »versöhnenden Opfer« [31]

Wenn es auch gute Gründe gibt, mit Hannah Arendt davon auszugehen, daß die Macht, die auf Dauer Legitimität beansprucht, nicht aus der Gewalt kommen kann, so gibt es doch ebenso sichere Gründe, davon auszugehen, daß am Anfang aller sozialen Gemeinschaften Gewalterfahrungen standen. Die Mythen aller Völker berichten einhellig von solchen urzeitlichen Gewaltzuständen, die heiligen Texte kennen alle das Motiv der Bedrohung, der Schöpfung aus dem Chaos. Diese Gemeinsamkeit läßt auf die Erinnerung im Gedächtnis aller Völker schließen, daß die Vollmacht, stabile Gemeinschaften zu konstituieren, sich immer gegenüber einem vorhergehenden Zustand alles beherrschender Gewalt bewähren mußte. Viele Mythen berichten von Gründungskatastrophen, von tragischen Vorgängen, in die die mythischen Helden und Mächte gewalterleidend und selbst gewalttätig verstrickt waren. Am Anfang der neuen Ordnungen aber steht dann ein Bundesschluß, ein Opferkult, der sowohl an die erfahrene zerstörerische Gewalt erinnern, als auch ihre Wiederkehr dauerhaft verhindern soll.

René Girard hat die Wahrheit dieser Mythen ernster genommen als andere Wissenschaftler und Kulturphilosophen und ist dabei zu erstaunlichen Entdeckungen gekommen. Alle modernen Vorstellungen vom potentiell friedfertigen Zusammenleben der Menschen, die auf Rousseaus Idee eines aus Freiwilligkeit und Einsicht geborenen Gesellschaftsvertrags unter vernunftbegabten Individuen zurückgehen, sind ihm zunehmend als unerlaubt romantisch, ja als sträflich naiv vorgekommen. Große, komplexe Gesellschaften sind für ihn aus einem gefährlicheren Stoff gemacht, als daß sie allein mit gutmeinendem Idealismus steuerbar wären. In den alten

Mythen, in den Religionen und Opferkulten aber sah er ein Wissen aufbewahrt, das moderne Gesellschaften nur bei Strafe des eigenen Untergangs vernachlässigen dürfen.

Dabei nimmt die innergesellschaftliche Gewalt in den frühen Kulturen, die noch keine staatliche Gewaltregulierung kennen, für René Girard fast den Charakter einer Energiequelle an, deren Bewegungen und Gesetze der kennen muß, der sie steuern, kontrollieren oder befrieden will. Wie kann man Staaten und Gesellschaften verantwortlich lenken wollen, wenn man von diesen unterschwelligen Kraftströmen nichts weiß? Denn die »ungestillte Gewalt sucht und findet auch immer ein Ersatzopfer«. Der Zorn, der zur Gewalt drängt, macht blind, er läßt sich betrügen, er sucht sich Surrogate, wenn er die Ursache dieses Zorns selbst nicht erreichen oder nicht besiegen kann. Diese Täuschbarkeit und Steuerbarkeit gesellschaftlicher Aggressionen ist besonders beunruhigend. Jede Aggressivität läßt sich leicht auf Ersatzopfer ablenken – das ist das Grundmuster jedes Pogroms.

Nach Girard machen die meisten Hochkulturen in bezug auf ihren Umgang mit der Gewalt vier Entwicklungsstufen durch. Ihren Ursprung finden sie in einer extrem gewalthaltigen Situation, zum Beispiel in den Turbulenzen des Zusammenbruchs eines untergehenden Weltreiches, eines gewaltigen Krieges, einer alle Verhältnisse umstürzenden Völkerwanderung. Die Erinnerung daran wird in Mythen oder Gründungslegenden festgehalten: Sodom und Gomorrha, die Sintflut, der trojanische Krieg, der Mongolensturm, der Kampf um Rom.

Am Ende dieser Zeit ununterscheidbarer allgegenwärtiger Gewalt steht ein »versöhnendes Opfer«, das heißt ein Opfer, das im Prozeß des Opferns eine Gemeinsamkeit schafft und Gesellschaft neu gründet. Wie kann das geschehen? Die Gemeinschaft erklärt einen Einzelnen oder eine Gruppe von Menschen zum Hauptschuldigen an den vorhergehenden Unruhen, sei es, indem ihm oder ihnen ein besonderer Frevel gegen die Götter und die göttlichen Gesetze zugeschrieben werden (Beispiel: Ödipus), sei es, daß sie selbst als Quelle des Unfriedens in der Gemeinschaft ausgemacht werden (Beispiel: Remus, Spartakus). Die Gruppe einigt sich darauf, den Störenfried, diese Minderheit, diese vermeintliche Quelle des Unheils zu beseitigen oder aus der Gesellschaft zu verbannen und versteht gerade dies als gemeinschaftsstiftenden Akt.

Das Unheimliche an diesem Vorgang ist, daß eine solche gemeinschaftlich geplante und vollzogene Opfertat tatsächlich die Fähigkeit hat, die Gesellschaft zu befrieden, zu beruhigen. Der Grund liegt allerdings nicht in der Tatsache, daß man den größten Übeltäter der Gemeinschaft »bestraft« und damit wirklich die Ursache der Gewalt getroffen hat. Die »wohltuende« Wirkung des Opfers liegt einzig und allein darin, daß dieses es vermocht hat, die Gemeinschaft zu einigen und die Gewalt aller auf einen Punkt zu konzentrieren. Die Gewalt, die das Opfer trifft, ist also nicht ursächlich im Opfer zu suchen, sondern in der Gruppe, die sich auf diese eine Adresse ihrer kollektiven Gewalt geeinigt hat. »Das Opfer schützt die ganze Gemeinschaft vor ihrer eigenen Gewalt, es lenkt die ganze Gemeinschaft auf andere Opfer außerhalb ihrer selbst.«[32] In dieser Funktion liegt geradezu die »soziale« Bedeutung des Opfers.

Nicht das Opfer ist also die Quelle der Gewalt, sondern die Gruppe, das Kollektiv. So logisch dieser Prozeß sich entwickelt, so bedrohlich ist er zugleich, jedenfalls aus der Sicht der Person oder der Minderheit, die einer solchen kollektiven Gewalttat oder einem Lynchmord zum Opfer fallen. Es geht immer um Leben und Tod bei einer solchen Vertreibung aus der Gesellschaft. Auch die Nichtteilnahme eines Einzigen an der Gewalttat ist gefährlich. Sie bedroht das Kollektiv, weil der Kreis, der die Bluttat vollzieht, dann nicht geschlossen ist. Sie bedroht aber vor allem ihn selbst, weil er der potentielle nächste Außenseiter ist, weil er sich selbst dadurch als ein solcher zu erkennen gegeben hat.

Das Wissen darum, daß nach einer solchen Gewalttat noch nicht der ewige soziale Friede eingekehrt ist, kann nicht auf Dauer

verborgen bleiben. Gibt man ihm Raum, so beginnt die Suche nach dem neuen »Übeltäter«, dem neuen Sündenbock. Das Verhängnis von Gewaltbereitschaft, Opfer und erneuter Gewalttat nähme also wieder seinen Lauf, wenn nicht die dritte Stufe der gesellschaftlichen Entwicklung einträte, die Girard die Epoche der ordnungs- und gemeinschaftsstiftenden Opferkulte nennt. Gelingt es nämlich, die ursprüngliche Gewalttat, das »versöhnende Opfer«, in Kulten oder Mythen festzuhalten und in Riten als gemeinschaftsstiftende Wohltat zu feiern, so kann der Kreislauf der Gewalt durchbrochen werden. Nicht selten werden dabei und gerade deswegen die früheren Opfer zu Heiligen erhöht und damit das Wissen um die Ursprungsgewalt inklusive der eigenen Mitschuld verschleiert.
Die großen griechischen Mythengestalten wie Orpheus und Ödipus zeigen dies noch in ihrem tragischen Schicksal. Der Held gilt als Ursache der Gewalt und wird doch, sobald er getötet oder vertrieben ist, zum Erlöser. Die Gewalttat wird im Sakralen verborgen, ja, die Gewalt selbst ist Herz und Seele des Heiligen. Die entwickelte Kultordnung aber regelt ab dann das Sozialverhalten, verbietet spontane Gewaltakte, erläßt Regeln und Gesetze, die das Entstehen von Gewalt verhindern. Sie bindet die Erinnerung an die Gründungskatastrophen an feste Rituale am Ort des Heiligen: Sakral legitimierte Kultbeamte vollziehen stellvertretende Opfer und magische Zeremonien, wachen über Tabubezirke, verwalten Mysterienbeispiele und Sakramente. Es entsteht ein pazifizierter Raum: »Verbote halten im Inneren der Gesellschaft eine geschützte Zone gewaltfrei.«[33]
Es liegt in der Natur der Sache, daß solche Ordnungen nicht auf Dauer akzeptiert werden. Je weiter entfernt vom Ursprungsereignis, um so weniger akzeptabel erscheint der Gesellschaft diese Form der Gewalteindämmung. Der Kultus wird schwach oder vergessen, Freiheitsideen rebellieren gegen diese Form nicht mehr verstandener Kultordnung, die Moral protestiert gegen unverständliche Verbote und Vorschriften.

In Zeiten zerfallender Kultordnungen, so Girard, ist die Gefahr der Rückkehr zur Ursprungsgewalt stets groß. Gewisse Hoffnungen setzte er allerdings – trotz aller berechtigten historischen Einwände, die ihm vertraut sind – auf das Christentum und seine Ethik der Bergpredigt. Ihm hält er zugute, daß es in seinen Gründungsschriften die Gewalttat gegen den Religionsstifter, Jesus von Nazareth, nicht zur Unkenntlichkeit im Sakralen verborgen hat. Indem es die Ausrede tragischer Schuldlosigkeit einer mordbereiten Menge verhindere, erschwere es zugleich die Rückkehr zur vermeintlich berechtigten Kollektivgewalt gegen potentielle neue Sündenböcke.

Das Motiv der Forschungen Girards ist damit angesprochen: Er sucht nach den Momenten in der menschlichen Kultur- und Zivilisationsgeschichte, die das ununterbrochene Suchen und Jagen von Sündenböcken und die Produktion immer neuer Opfer zu unterbrechen vermögen. Die Millionen von stellvertretenden Sakralopfern, Minderheiten, Außenseitern, Adressaten von Pogromen, die gemordeten Religionsstifter und Outlaws, die der Prozeß der menschlichen Gewalteindämmung vernichtet hat, lassen ihn nicht zur Ruhe kommen.

Was hat Girard als Lösung anzubieten? Am Ende setzt auch er auf Aufklärung, allerdings auf der Basis eines äußersten, ernüchterten Pessimismus in bezug auf die natürliche Gewaltbereitschaft der menschlichen Natur. Er kommt zu dem klarsichtigen Schluß: »Die Menschen verehren nicht die Gewalt an sich. Sie hängen keinem ›Kult der Gewalt‹ im Sinne der zeitgenössischen Kultur an; sie verehren die Gewalt insofern, als sie ihnen den einzigen Frieden bringt, dessen sie sich je erfreuen konnten.«[34]

Woher aber kommt, nach Girard, die Gewalt? Sie kommt aus dem mimetischen Konflikt. Der mimetische Konflikt ist jener Prozeß von innigen Wünschen, Begierden, Leidenschaften, Vorbildern und Rivalität, mit dem ich gerade zu denen in Konflikt gerate, mit denen mich am meisten verbindet. Der mimetische Konflikt entsteht

in der Nähe, und er entsteht in allen kreativen Prozessen. Das macht seine Tragik aus: Gerade die Besten, die Begabtesten geraten durch den mimetischen Konflikt aneinander und zueinander in Konkurrenz. Der mimetische Konflikt ist der Grundkonflikt in der Sphäre des Politischen, der Kunst, der öffentlichen Wirksamkeit.
Grundmuster des mimetischen Konflikts ist das Zwillingspaar (Kain und Abel etc.). Klassischer Anlaß zum Aufflackern des mimetischen Konfliktes ist das Fest, das schlecht ausgeht (Orpheus und Dionysos), oder auch die Freiheitsbewegung, die im Blutrausch endet. Mimesis ist das Grundmuster aller kreativer Menschengeschichte: sein wollen wie Gott, geliebt werden wollen wie der Bruder oder die Schwester.
Ist der mimetische Konflikt die eigentliche Ursache von unkontrollierten Gewaltausbrüchen und unzähmbarer Aggressivität, so läßt sich auch die letzte Frage beantworten, die sich aus den Analysen Girards ergibt: Was macht einen Menschen, eine Gruppe geeignet, Adressat kollektiver Aggressionen zu werden? Was disponiert ihn zum potentiellen »versöhnenden Opfer«, an dem sich das verunsicherte Kollektiv wiederum selbst vergewissern kann? Kurz: Was prädestiniert für die Rolle des Sündenbocks?
Die Antwort ist erschreckend genug: Als potentielle Sündenböcke eignen sich alle die Mitglieder einer Gesellschaft oder einer Gruppe, die die Kriterien der Aussonderung oder des Besonderen erfüllen: die Künstler, die Kreativen, die Heiligen, die Beschädigten, die Andersartigen, die Eliten, die Charismatiker.
»Wir alle haben nur legitime Feindschaften, trotzdem wimmelt es in der Welt von Sündenböcken«, so konstatiert Girard und macht damit deutlich, wohin der Prozeß der menschlichen Zivilisation gehen müßte. Pazifismus hieße dann, die Fähigkeit zu entwickeln, den Prozeß der Opfermechanismen und der Produktion von Sündenböcken zu unterbrechen. »Alle Verfolger sind immer von der Richtigkeit ihres Tuns überzeugt, in Wirklichkeit hassen sie ohne Ursache.«

Wer Verantwortung trägt für gesellschaftliche Entwicklungen, muß um diese Prozesse wissen. Die heutigen Meister des Populismus und der aufgepeitschten öffentlichen Meinung aber scheinen von diesen dunklen Dingen nichts zu ahnen.

Die Macht der Gewaltlosigkeit – Mahatma Gandhi [35]

Während Girard der große Pessimist unter den Analytikern der Gewaltproblematik ist, ist Gandhi der optimistischste unter den Praktikern der Gewaltfreiheit. Als Praktiker war er mehr Volkspädagoge als Politiker. Er setzte mehr auf das gute Vorbild und auf Askese als auf ein ethisches oder religiöses Denksystem. »Experimente mit der Wahrheit« nannte er seine Biographie, und die liest sich über weite Strecken wie der Entwicklungsroman eines eigentlich nur durchschnittlich begabten, in moralischen Fragen äußerst empfindsamen jungen Menschen, der sich nur mühsam aus seinen persönlichen Hemmungen und Irrtümern zu befreien vermag. Der Charismatiker Gandhi, der Mahatma mit Weltbedeutung, entsteht erst am Ende eines langen Wegs der Selbstprüfung und der Selbstvergewisserung. Dieser Weg der Wahrheitssuche, der ihn zur Überzeugung und zur Methode der Gewaltlosigkeit, zu ahimsa und satyagraha, geführt hat, steht, so Gandhi, grundsätzlich allen Menschen offen, welcher Religion, welchem sozialen Status oder welcher Nation sie auch angehören mögen.

Pazifismus ist allerdings auch für ihn nicht erschöpft in dem Postulat, der Mensch, von Natur aus gut und zum Guten fähig, müsse dies nur ungehindert entfalten, dann werde er auch friedlich und gewaltfrei leben. Zumindest der späte Gandhi ist frei von Idealismus bei der Beurteilung der Gewaltgeneigtheit seiner Mitmenschen. Mit der Methode des Pazifismus aber glaubt er einen Weg gefunden, genauer: wiedergefunden zu haben, die Gewalt zu überwinden, ohne selbst Gewalt anwenden zu müssen. Gewaltlosigkeit ist für ihn die innerste Wahrheit aller Religionen. Gewaltfreiheit ist für ihn eine Methode in innergesellschaftlichen Auseinandersetzungen, die Machtfrage mit Aussicht auf Erfolg

stellen zu können. Sie ist die in Praxis begründete Hoffnung, illegitime Macht zu beenden und legitime Macht neu aufzurichten.
Gandhi hat keine ausgefeilte Lehre hinterlassen, trotzdem gibt es wiedererkennbare Momente seiner Methode, die all seine Kampagnen durchziehen, von den Zeiten des gewaltlosen Widerstands in Südafrika bis zum indischen Unabhängigkeitskampf.
Die einfachste Grundregel könnte man so umschreiben: Wer keine Gewalt benutzen will, muß dreimal so klug sein wie der Gegner, der bereit ist, Gewalt einzusetzen. Gewalt ist ein großer Beschleuniger, mit Gewalt werden auch bestimmte strategische Schwächen zugedeckt, Gewalt setzt auf das Recht des Stärkeren. Gewaltfreiheit kann sich Verkürzungen oder Fehler in der Einschätzung viel weniger leisten, sie zielt immer auf die Wahrheit.
Klug sein heißt in diesem Fall vor allem: Man muß den Gegner genau kennen. Man muß nicht nur seine Waffenarsenale und seine militärische Strategie kennen, sondern auch den Boden, auf dem er lebt und agiert, die Luft, die er atmet, das Regelwerk, in dem er sich bewegt, die Moral, der er sich verpflichtet weiß, den Ehrenkodex, der ihn geprägt hat, die Ängste, die ihn schrecken, die Zustimmung, die er sich erhofft, die Träume, die ihn beflügeln.
Die zweite Grundregel ließe sich so umschreiben: Jede vermiedene Schlacht ist ein Gewinn, jeder Ausweg ist besser als eine klare Konfrontation, jeder Kompromiß kommt der Wahrheit näher als eine Entweder-Oder-Entscheidung. Schon als junger Rechtsanwalt in Durban, Südafrika, schreibt Gandhi überglücklich nach seinem ersten Prozeß, der mit einem Vergleich endete: »Meine Freude war grenzenlos. Ich hatte die wahre Rechtspraxis gelernt. Ich hatte gelernt, die bessere Seite der menschlichen Natur zu aktivieren und zu den Herzen der Menschen vorzudringen. Ich begriff, daß die wahre Funktion eines Anwalts darin bestand, die zerstrittenen Parteien zusammenzuführen ... Ich verlor nicht dabei – nicht einmal Geld und ganz gewiß nicht meine Seele.«[36]

In der Auseinandersetzung mit den Engländern hat sich Gandhi immer wieder auf solche Vergleiche und Kompromisse eingelassen, gelegentlich zu so ungünstigen Bedingungen, daß selbst seine Anhänger murrten. Letztendlich hat ihm diese unendlich praktizierte Kompromißbereitschaft immer genützt. Keiner hat dies besser begriffen als sein erbittertster strategischer Gegenspieler, Winston Churchill. In ohnmächtigem Zorn hat er über die weltgeschichtliche Begegnung zwischen diesem sonderbaren asketischen Vertreter des indischen Volkes und dem noblen Repräsentanten der englischen Krone (17. Februar 1931) von einer Farce gesprochen, die England noch bereuen werde. Churchill sprach von dem »Übelkeit erregenden und erniedrigenden Schaustück dieses ehemaligen Inner-Tempel-Rechtsanwalts, jetzt aufrührerischen Fakirs, wie er halbnackt die Stufen zum Palast des Vizekönigs hinaufsteigt, um dort unter gleichen Bedingungen mit dem Vertreter des Königs und des Kaisers Verhandlungen zu führen«.[37] Churchill machte damit einen Kardinalfehler: Indem er den unscheinbaren, aber inspirierten Führer des indischen Freiheitskampfes haßte und verachtete, verschaffte er Gandhi nur einen weiteren strategischen Vorteil im gewaltfreien Kampf.

Denn die dritte Regel könnte man umschreiben mit dem kategorischen Imperativ des Pazifismus: Ehre deinen »Feind«! Interpretiere seine Absichten und Handlungen stets zum Guten! Achte seine Würde!

Was Churchill damals nicht registriert hatte, war die Tatsache, daß der Gandhi des Jahres 1931 schon eine lange Phase der äußerlichen und inneren Annäherung an die Engländer hinter sich hatte: Er hatte in England studiert, er hatte lange Zeit ausschließlich englische Kleidung getragen, er hatte sich in Südafrika immer wieder auf englisches Recht berufen, er hatte selbst im Burenkrieg zugunsten der Engländer ein aus Indern bestehendes Sanitätskorps zusammengestellt, für das er sogar mit Orden dekoriert worden war. Auch rief er immer wieder – außer in Zeiten der gewaltfreien Kampagnen –

ernsthaft und nachdrücklich zur Einhaltung der Gesetze auf. Gerade weil er die Engländer so gut kannte, ja in vielem schätzte, war er ihnen mental überlegen.
Die vierte Regel heißt: Wenn eine Konfrontation unvermeidlich ist, darf niemals auch nur der geringste Zweifel an der eigenen Entschlossenheit aufkommen, sie bis zum Ende durchzuführen, egal wie lange dies dauert und wie viele Opfer das kosten wird. Dafür war die große Kampagne gegen die Salzsteuer, der Salzmarsch des Jahres 1930, das berühmteste Beispiel: In der Vorphase hatte es, öffentlich dokumentiert, alle Bereitschaft zum Kompromiß gegeben. Gandhi war bereit gewesen, an der Round-Table-Konferenz zur Gewährung eines Dominion-Status für Indien teilzunehmen, er hatte sich allen Bestrebungen zu einem offenen Unabhängigkeitskrieg widersetzt. Er hatte sechs Wochen lang, unter den Augen der Weltöffentlichkeit, über den weiteren Weg in seiner kleinen Hütte meditiert, er hatte einen persönlichen Brief an den Vizekönig geschrieben. »Auf den Knien bitte ich Sie ... Ich ersuche Sie ergebenst, den Weg für die Beseitigung dieser Übel zu ebnen und so den Weg zu einer wirklichen Konferenz zwischen Gleichgestellten zu eröffnen. Aber wenn Sie keine Möglichkeit sehen, sich mit diesen Übeln zu befassen und wenn mein Brief keinen Eindruck auf Ihr Herz macht, dann werde ich mich am elften Tag dieses Monats mit den geeigneten Mitarbeitern aus meinem Ashram auf den Weg machen und die Vorschriften des Salzgesetzes übertreten.«[38]
Es folgte eine Aktion ohne Beispiel: Tausende gingen mit Gandhi und seinen Gefährten, es wurde ein Triumphzug durch das ländliche Indien – und die Welt sah gebannt zu, wie sich das englische Weltreich verhalten würde. Der Marsch dauerte fast 4 Wochen lang, dann stieg Gandhi am 6. April, nach dem Morgengebet, ins Meer und hielt den ersten Klumpen Salz in der Hand.
Es begann die Zeit der Verhaftungen, auch Gandhi war unter den Gefangenen. Endlich könne er wieder einmal ausschlafen, sagte er. Bei den Darshana-Salzwerken folgte die nächste Steigerung der

Aktionen: 2500 Freiwillige marschierten stumm und ohne sich zu wehren auf den Stacheldrahtzaun zu. Reihe um Reihe brach unter den Schlägen und Knüppeln der Polizisten und Wachmannschaften blutüberströmt zusammen, ohne daß der Zug zum Halten kam. In diesem Blutbad verlor das englische Imperium sein Gesicht – und mit ihm die ganze westliche Zivilisation.

Die fünfte Regel wäre deswegen so zu definieren: Macht über den Gegner gewinnt im gewaltfreien Kampf nur der, der die Auseinandersetzung Moral gegen Moral gewinnt – und zwar gemessen an den Normen, der Kultur oder dem Grad der Zivilisation, die die gegnerische Seite für sich selbst gewählt und akzeptiert hat. Vor diesen selbstgewählten Kriterien nicht bestehen zu können, das Gesicht zu verlieren, das ist die eigentliche Niederlage im Kampf zwischen Gewalt und Gewaltfreiheit.

Naheliegend ist, daß diese Regel nur wirksam ist bei gegnerischen Parteien, die für sich selbst die Zugehörigkeit zu einem bestimmten moralischen oder zivilisatorischen Standort im Grundsatz akzeptiert haben, also bei funktionierenden Demokratien, die die Reaktion einer Weltöffentlichkeit überhaupt fürchten. Ob und wieweit Gandhis Strategie auch gegen faschistische oder stalinistische Regimes erfolgreich hätte sein können, ist und bleibt eine offene Frage. Gandhi selbst war allerdings davon überzeugt, daß diese Strategie auch gegen Diktaturen und Terrorregimes ihre Wirkung nicht verfehlen werde.

Damit diese Auseinandersetzung mit dem englischen Imperium stattfinden konnte, brauchte Gandhis Konzept der Gewaltlosigkeit eine weitere Regel, die von größter Modernität ist, so traditionell ansonsten auch seine Methoden anmuten mögen. Die gewaltlose Aktion braucht die Medien und die Öffentlichkeit, um jene Wirkung zu entfalten, die sie so mächtig macht. Was immer du planst, was immer du ankündigst, was immer du tust, was immer du erleidest, tu es öffentlich! – so könnte man diese Regel umschreiben, die Gandhi nie wörtlich formuliert hat, aber immer befolgte.

Alle Medien der Welt als Resonanzboden seiner Aktion zu benutzen, darin war der kleine schüchterne Mahatma von genialer Modernität – und Martin Luther King und Nelson Mandela folgten ihm darin. Sie folgten ihm zu Recht und mit Erfolg, denn je mehr öffentliche Wirksamkeit die einzelnen Aktionen hatten, um so weniger Opfer auf der eigenen Seite waren zu beklagen. Die Medienwirkung half also, die eigenen Kräfte zu schonen.

Genauso einfach und auch von ebenso durchschlagendem Erfolg ist die Anweisung Gandhis, daß das Gefängnis für die Führer des gewaltfreien Widerstands ein wahrer Ashram sein kann. Konzentriert es doch die Aufmerksamkeit der Öffentlichkeit wie der eigenen Leute auf einen einzigen Punkt und wird damit in Zeiten der Auseinandersetzung zu einer wirksameren Tribüne als manches Parlament. Er schreibt, ohne jede Ironie, aber auch frei von jeder Märtyrer-Pose: »Es wäre wirklich das größte Glück, im Interesse und zum Wohl des eigenen Landes und seiner Religion im Gefängnis zu sein. Man hat dort weniger Jammer, als man im Alltagsleben auszustehen hat. Man hat lediglich den Weisungen eines einzigen Wärters zu folgen, während man im täglichen Leben die Befehle von einer ganzen Menge Leute auszuführen hat. Im Gefängnis hat man auch keine Sorge, wie man sein tägliches Brot verdienen soll. Die Regierung sorgt für all das. Sie sorgt auch für die Gesundheit, und man braucht gar nichts dafür zu bezahlen. Man hat genug Arbeit und damit die entsprechende Bewegung für den Körper. Man ist frei von allen lasterhaften Gewohnheiten. Die Seele ist frei, und man hat eine Menge Zeit zum Beten. Der Körper ist zwar eingeengt, aber nicht die Seele. Der wahre Weg höchster Seligkeit liegt darin, ins Gefängnis zu gehen und die Leiden und Entbehrungen dort im Interesse seines Landes und seiner Religion zu ertragen.«[39]

Das Gefängnis ist für den Führer des gewaltfreien Widerstands deswegen ein so geeigneter Ort, weil er sich dort der Unterstützung und der Liebe seiner Landsleute sicher sein kann. Vergleichsweise einfach schien es Gandhi mit den Jahren, so den politischen Gegner und dessen Gewalttätigkeiten zu überwinden. Viel schwerer aber fiel es ihm, die Gewaltbereitschaft, die Dämonisierungen und das Suchen von Sündenböcken in den eigenen Reihen zu stoppen. Dies war der schwierigste Punkt in Gandhis Konzept der Gewaltfreiheit, hier sah er das größte Risiko, hier war er dem Scheitern am nächsten – und hier fand er auch seine persönliche Tragödie. Das Konzept der Gewaltfreiheit galt ohne Ausnahme, davon war er zutiefst überzeugt. Alles war verloren, wenn es in den Reihen der Jünger der Gewaltlosigkeit Rückfälle in die Exzesse der Gewalt gab. In den großen Aktionen der satyagraha hatte Gandhi jedesmal die Aktionen abgebrochen, wenn es auf seiten seiner Anhänger zu Gewaltausbrüchen oder terroristischen Aktionen gekommen war. Seine großen öffentlichen Hungerstreiks waren deswegen ebenso oft gegen solche Tendenzen in den eigenen Reihen gewendet wie gegen den politischen Kontrahenten.

Gandhi wußte, wie alle Protagonisten der Gewaltlosigkeit, daß die Gewalt einen langen Schatten hat und tief in den Gewohnheiten der Menschen verwurzelt ist. Er wurde gegen Ende seines Lebens immer vorsichtiger mit spontanen Massenaktionen. Auf dem Höhepunkt seines Sieges, als die Unabhängigkeit seines Landes erreicht war, zog er sich aus der Politik zurück und wurde wieder ein Lehrer seines Volkes.

Die große Produktion von Feindbildern, das religiöse Schisma zwischen Hindus und Moslems, konnte er nicht mehr verhindern. Die neu errungene Freiheit mündete in die nationale Spaltung zwischen Indien und Pakistan, in den Ausbruch von Haß und Gewalt in Bengalen und Bihar. Gandhi selbst fiel diesen Dämonisierungen, diesen neu entfachten Wellen der Gewalt, zum Opfer, wie andere charismatische Führer und Religionsstifter vor ihm.

Entspannungspolitik – oder:
Gibt es eine pazifistische Außenpolitik?

> Dies ist eine Haltung, die ich an ihm außerordentlich respektiere: die der Neugier zwischen den Fronten, dieses Linienüberqueren. Das ist die Naturform des Dialogs. Es ist dabei egal, ob es sich darum handelt, daß Nationen Krieg führen oder daß es um Klassenschranken oder um sonstige Trennungen geht. Die Neugier trieb ihn ins andere Lager, um in seinem Lager zu berichten, und dies ist genau das, was er unter Dialog versteht. Das ist ja nun auch nicht einfach Reden.
> *Alexander Kluge über Theodor Fontane*

Hannah Arendt hatte die Position begründet: Macht kommt nicht aus der Gewalt, Macht kommt aus der Legitimität. Gandhi und später auch Nelson Mandela haben in der Praxis dokumentiert, daß mit gewaltfreien Methoden unter bestimmten Bedingungen tatsächlich ein Machtwechsel stattfinden kann, selbst dann, wenn die herrschende Staatsmacht erhebliche Mittel in der Hand hat, die Opposition und die Kräfte der Befreiung mit Gewalt zu unterdrücken. Damit ist allerdings noch nicht bewiesen, daß pazifistische Optionen auch gute und politiktaugliche Ratgeber für außenpolitische Konflikte sein können.

Die Neuzeit hatte, wie wir gesehen haben, große Anstrengungen unternommen, um die innergesellschaftliche Gewalt zu zügeln, nachdem Religion und Mythos ihre Autorität verloren hatten und auch Kultus oder Arena nicht mehr akzeptiert wurden. Es bleibt ein großes Fortschrittsprogramm der Menschheitsgeschichte, stattdessen auf die allseitige Durchsetzung des staatlichen Gewaltmonopols, auf die Zivilisation, auf die zunehmende politische Reife konflikterfahrener Demokratien oder auf die Prinzipientreue und Leidensfähigkeit einer pazifistischen Bewegung zu setzen. All diese Anstrengungen aber bezogen sich auf die Gewaltproblematik innerhalb einer gegebenen Gesellschaft; traditionell gesprochen: Sie bezogen sich auf den Raum der Innenpolitik, auf die Vermeidung von Blutrache und Bürgerkrieg.

Gibt es aber auch Instrumentarien oder wirksame Methoden, um die Gewaltausbrüche einzudämmen, die zwischen den Völkern immer wieder neu zu eskalieren drohen? Gibt es einen Pazifismus in der Außenpolitik? Heute wird diese Frage selbst von den Optimisten unter den Verfechtern des Fortschritts verneint. Hatte sich nicht selbst Mahatma Gandhi mit seinem Sanitätskorps – und zwar freiwillig! – in den Dienst kriegerischer Militäraktionen gestellt?

Sind Kriege überhaupt vermeidbar, sind sie nicht im Gegenteil häufig ein willkommener Blitzableiter, um innergesellschaftliche Spannungszustände umzulenken auf vermeintliche äußere Feinde?

Mit der Ratlosigkeit über diese Fragen lassen uns sogar die meisten alten Hochkulturen im Stich. Auch sie kannten nur den Krieg als Grundmuster des Überlebenskampfes und als »Vater aller Dinge«, auch sie führten »heilige« oder doch wenigstens »gerechte« Kriege, bei denen Ehrenplätze im Jenseits versprochen wurden und selbst die Gottheit mittun mußte. Im Namen der Heiligen wurden Waffen und Morde abgesegnet. Eindringlich und mit der Bitte um schnelle Erledigung wurde der Allmächtige aufgefordert, höchstpersönlich »alle Feinde zu zerschmettern«.

Aus diesem Meer von Militanz und nach außen gewandter Aggressivität ragt einsam das alttestamentliche Gebot der Feindesliebe und der Achtung des Fremden (Exodus 23,9) heraus, auf dem die pazifistische Radikalität der Bergpredigt (Matth 5, 43ff) basiert. Beide Texte allerdings wurden schnell uminterpretiert zu ethischen Idealpositionen, zu Geboten eines geschichtsfernen »göttlichen Reiches«, reale Praktikabilität für das »weltliche Reich« wurde ihnen nicht zugesprochen.

In dieser Tradition stand die klassische Unterscheidung Max Webers zwischen Gesinnungsethik und Verantwortungsethik. Le-

gionen von Realpolitikern in aller Welt folgten ihm darin. Der Völkerbund, der Weltbund für den Frieden, galten in den Anfängen fast als Club für versponnene Weltverbesserer, die UNO hat bis heute mit dem schlechten Ruf zu kämpfen, ein Palaverclub zu sein. Im Deutschen Bundestag fiel der Ausspruch, der Pazifismus habe Auschwitz erst möglich gemacht – und dieser Satz war auch nicht anders gemeint als jener allumfassende politische Konsens, nach dem in außenpolitischen Belangen und im Fall von Diktaturen Idealismus und Pazifismus entweder zu nichts führen oder sogar Schlimmeres gebären, was niemand wollen und verantworten könne.
Beim genaueren Hinsehen ist diese große Einigkeit verwunderlich. Findet sie doch zu eben der Zeit statt, in der ein Modell einer kriegvermeidenden Außenpolitik große Erfolge hatte, das viele der oben bei Gandhi dokumentierten pazifistischen Regeln befolgte: die Entspannungspolitik.
Die Protagonisten der Entspannungspolitik haben sich nie als in pazifistischer Tradition stehend definiert. Schon aus Gründen der eigenen Biographie mußte ihnen das ganz fern liegen, waren sie doch allesamt durch den Zweiten Weltkrieg und den Kampf gegen den Nationalsozialismus geprägt. Vielleicht würden sie sich durch eine solche Zuordnung sogar mißverstanden oder falsch interpretiert fühlen.
Alle aktuellen Debatten über die Frage, wer und was eigentlich den Kalten Krieg glücklich entschieden hat, enden schnell in ideologischen Sackgassen. Besonders die deutschen Sozialdemokraten geraten dabei leicht in die Defensive. Bedrängt durch selbstkritische Zweifel über eigene Fehleinschätzungen und oberflächliche Vergangenheitsdebatten, fällt es den Wegbereitern der Entspannungspolitik offensichtlich schwer, die Kronjuwelen ihrer Politikmethode auch für die historische Deutung einer ganzen Epoche blank zu polieren.
Dennoch läßt sich mit guten Gründen die These vertreten: Die Entspannungspolitik, das Kernstück der sozialliberalen Ära, war

der bisher erfolgreichste Versuch, die Grundregeln des Pazifismus auf den Bereich außenpolitischer Strategien anzuwenden. Was also war Ausgangspunkt, Ziel und Methode der Entspannungspolitik?

Angefangen hatte alles mit einem Faktum, das zynischer nicht sein könnte: Die friedlichsten Zeiten sind immer die nach den großen Schlachten. Schon die berühmten zwanziger Jahre waren deswegen so »golden«, kreativ und tolerant, weil die Erinnerung an die Schrecken des Krieges noch nicht verblaßt und verborgen war. So war es auch nach 1945. Kurz nach den Völkergemetzeln sind die Helden müde, die Politiker hat das Leben klug gemacht, die Demagogen müssen sich noch ein bißchen zurückhalten. Das sind die Zeiten, in denen die Lebensregeln der Zivilbevölkerung den Alltag dominieren und damit auch die Politik.

Dafür spricht auch noch ein anderer Aspekt: Die Führungsschicht der Entspannungspolitiker wurde von dem Typ der »kleinen Helden« geprägt, jenen Burschen, die nach jedem Bombenangriff im Hinterland als erste aus den Löchern kriechen und zwischen den Fronten und zwischen den Zerstörungen den Handel beginnen – weil das Leben doch weiter gehen muß. Diese »weißen Jahrgänge« waren unideologisch, pragmatisch, skeptisch, hungrig, überlebenszäh. Ihre Sozialisation, fern von militärischem Ruhm, ihre fintenreiche Kenntnis der harten Überlebensbedingungen der Zivilbevölkerung war keine schlechte Voraussetzung für die Kunst, sich auch politisch in schwierigem Terrain zu bewegen.

Schwierig war die politische Situation unter den Bedingungen des Kalten Krieges ohnehin! Sie war auch zum Reißen angespannt und voll von Feindbildern, Vernichtungsängsten und gegenseitigen Dämonisierungen. Im Westen plakatierte man Fratzengesichter: Der Russe kommt! Im Osten wurde mobil gemacht: Der Westen will den Sozialismus vernichten und ausbluten! Beide Systeme suchten und fanden in den eigenen Reihen feindliche Agenten und Verräter. Beide Systeme steckten aberwitzige Gelder in die gegenseitige

Hochrüstung, die Volkswirtschaften mußten deswegen dringende Zukunftsinvestitionen zurückstellen. Im Falle eines atomaren Krieges lag Deutschland im Zentrum, mitten durch Berlin ging seit 1961 eine Mauer. Die gegenseitigen Vernichtungspotentiale grenzten ans Aberwitzige. 1953 in Ostberlin, 1956 in Ungarn und 1968 in Prag waren im Einflußbereich der UdSSR Aufstände blutig niedergewalzt worden, und der Westen hatte vor der Welt sein Gesicht verloren – wegen seiner Ohnmacht und Untätigkeit.

Das war die Ausgangssituation, in der Egon Bahr im Jahre 1963 zum ersten Mal das Konzept »Wandel durch Annäherung« vorstellte. Es zielte auf Unterhöhlung der zugespitzten Konfrontation, es knüpfte ein ganzes Netzwerk gegenseitiger vertrauensschaffender Maßnahmen, es baute auf die pazifierende Wirkung gegenseitiger kalkulierbarer Berechenbarkeiten.

Allerdings war bei allem nicht zu vergessen: Das stärkste Argument war in dieser Zeit rein materieller Art: Die Drohung des atomaren Overkills machte es zwingend notwendig für beide Seiten, nicht nur zu rüsten, sondern auch zu reden.

Von den oben erwähnten Methoden pazifistischer Strategie sind bei diesen Ost-West-Dialogen einige deutlich wiederzuerkennen, absichtlich oder zufällig, das mag dahingestellt sein:

● Auch die Entspannungspolitik versuchte, jede offene Auseinandersetzung zu vermeiden, jeder Kompromiß, jeder Konsens, jedes Abkommen galt als Vorteil gegenüber einer weiteren offenen Kontroverse. Das Ergebnis: Es gab lange Zeit keinen Aufstand mehr im sowjetischen Imperium, aber als es ihn gab, im Jahre 1989, verlief er friedlich. Es rollten keine Panzer mehr. Man muß immer dicht genug herankommen, wenn man dem Gegner das Mordinstrument aus der Hand nehmen will. Das Wirkungsvollste ist: Man gelangt in seinen Kopf – mit Gedanken, Hoffnungen, Perspektiven und Aggressionshemmungen.

● Die klügsten Köpfe der Ära der Entspannungspolitik studierten ihre Gesprächspartner genau, sie wußten um die Minderwertigkeitsgefühle ihrer Kontrahenten und deren leichte Kränkbarkeit, sie respektierten deren Regelwerk und den realen Manövrierspielraum innerhalb der sozialistischen Gesellschaften und Wertesysteme, inklusive der diversen Nötigungen ihrer Partner. In dieser vorsichtigen Rücksichtnahme und der Akzeptanz der bestehenden Machtstrukturen lagen vermutlich die größten Gefahren für alle Beteiligten und bleiben auch für den Rückblick aus heutiger Sicht erhebliche Irritationen.

Grenzgängerei macht immer verdächtig. Sie macht sogar beeinflußbar. Sie setzt auf Zuverlässigkeit und muß sich doch zugleich davon freimachen. Wer selbst nicht berührbar ist von der Wirklichkeit des Dialogpartners, wird in der Regel auch umgekehrt wenig Neugier auf eine neue Sicht der Welt erzeugen können. Nicht die Methode ist hier das Problem, es ist die Verführbarkeit der Menschen – und es ist das Ziel, das hinter der Grenzüberschreitung steht. Auch Feindesliebe kann gefährlich werden. Nicht jeder ist zum Diplomaten in schwierigster Mission geboren. Die STASI-Akten sind voll von Menschen, die meinten, sie könnten mit Leichtigkeit mal eben die Welt aus den Angeln heben.

● Auch das Konzept »Wandel durch Annäherung« zielte auf Schonung der eigenen Kräfte, es war deswegen auch im ursprünglichen Sinne des Wortes ein Sicherheitskonzept. Gleichzeitig mußte es, wenn es erfolgreich sein wollte, dokumentieren, daß die eigenen Positionen und Überzeugungen in Krisenzeiten durch kein noch so großes Opfer zu erschüttern wären. Das war vermutlich die Absicht des NATO-Doppelbeschlusses in der Interpretation von Helmut Schmidt – theoretisch durchaus stringent, in der Praxis ein hochgefährliches Unterfangen!

● Die großen Politiker der Entspannungspolitik wußten immer die Weltöffentlichkeit und deren moralische Urteile zu nutzen für die von ihnen vertretene Politik, darin ähnelten sie Gandhi, Martin Luther King und Nelson Mandela. Am deutlichsten wurde dies, als Willy Brandt in Warschau kniete. Aber auch Gorbatschow besaß das Charisma zu symbolischen Verdichtungen, in denen alte Feindschaften begraben und Tore zu neuen Epochen aufgemacht werden. Solche medialen Verdichtungen können nicht nur ungeheure Kräfte freisetzen, sie helfen vor allem, die kräftezehrenden Vampire zu bändigen, die sich an überholten und vergangenen Dämonisierungen laben. Nichts ist befreiender, als wenn ganze Völker die ideologische Waffenkammer von Zeit zu Zeit entrümpeln.

● Achte auf den Abbau von Feindbildern in deinem eigenen Lager, halte die Scharfmacher in Schach, das war die schwerste der pazifistischen Regeln. Auch Entspannungspolitiker mußten erfahren, daß man schwerlich nach außen überzeugend eine solche Politik betreiben kann, während man im Innern weiter alte Spannungszustände, zum Beispiel ideologisch begründete Berufsverbote, aufrecht erhält. Die Voraussetzung für eine erfolgreiche Entspannungspolitik sind liberale weltoffene Gesellschaften. Das hatten die Deutschen zu lernen, das war und bleibt auch für Rußland die entscheidende Konsequenz aus der Ära Gorbatschow.

Die Entspannungspolitik steht heute nicht mehr hoch im Kurs. Ihre großen Exponenten: Brandt, Bahr, Genscher, Gorbatschow, Jakowlew, Schewardnadse sind von der europäischen Bühne verschwunden oder müssen sich unwürdigen Debatten stellen. Das hat seine Ursachen und seine bittern Begleitumstände. Die werden vergehen, und zurückbleiben wird die Erinnerung an eine lange stabile Friedenszeit in Europa unter extrem schwierigen Ausgangsbedingungen. Daß es in dieser Zeit der atomaren Hochrüstung gelungen ist, den militärischen Sektor dauerhaft der Politik zu unterstellen, daß es erfolgreich war, auf die Rationalität und den Überlebenswillen der Bürokratien, der neuen Elite des 20. Jahrhunderts, zu setzen, daß es sogar gelungen ist, regionale Konflikte der Omnipräsenz des großen Systemkonflikts zu unterstellen, ist schon erstaunlich genug. Daß es aber in dieser Zeit, im Zentrum der beiden Supermächte, immer genug Reformer und vernünftige Leute gab, die nach dem Grundsatz handelten: Solange verhandelt

wird, wird nicht geschossen! – dieses sture Beharren auf dem Dialog, das war das erstaunliche Neue in der Außenpolitik.
Daß dieses Neue in der aktuellen Debatte so wenig gewürdigt wird, hat allerdings auch hausgemachte Gründe. Sie liegen alle in den Entscheidungen des Jahres 1982/83 begründet, dem Krisenjahr der Entspannungspolitik. Kam man doch mit dem NATO-Doppelbeschluß und spätestens mit der Planung der Pershing 2 an den Punkt, wo das für die Entspannungspolitik identitätsstiftende Gleichgewicht von Rüsten und Reden seinen Sinn verlor, da nun so gerüstet wurde, daß im Krisenfall kein Reden und kein Verhandeln mehr möglich blieb. Aber nicht nur das Rüsten brachte die Entspannungspolitik aus dem inneren Gleichgewicht, auch das Reden blieb seit den 80er Jahren nicht auf der Höhe der Notwendigkeiten der Zeit. Als die Meister der großen Ost-West-Dialoge zögerten, mit der Solidarność und der Charta 77 zu reden, da waren sie doch nicht klug genug, da gingen ihnen die entscheidenden Urteilskriterien verloren, die sie noch gebraucht hätten, um die reale Lage ihrer Gesprächspartner umfassend zu begreifen.
Die deutsche Sozialdemokratie hat Erfolge, die ihr offenbar nichts einbringen. Sie hat die Entspannungspolitik erdacht, die längste Zeit gestaltet und verantwortet. Sie hat ihr Risiko getragen und ist deswegen der nationalen Unzuverlässigkeit beschuldigt worden. Genau genommen konnte die Entspannungspolitik überhaupt nur von Sozialdemokraten angestoßen werden, da sie allein in der Lage waren, die kulturellen Codes zu begreifen, mit denen die Türen zur Verständigung mit den Regierungen des Ostblocks aufzustoßen waren. Die ersten Sprechversuche fanden ja alle unter dem atomaren Schirm und unter den Bedingungen extremen Mißtrauens statt, da war es hilfreich, auf ein Netz von älteren Codes und Vertrautheiten zurückgreifen zu können. Älter war die Verwandtschaft der Milieus: Man kannte sich aus der Zeit des Antifaschismus, man sang dieselben Lieder, es gab auch, trotz aller tiefgreifenden Differenzen, gemeinsame Wurzeln und Traditionen

in den Familiengeschichten und den politischen Biographien. Nur so war die Angst vor den Folgen der eigenen Irritierbarkeit zu überwinden.
Diese Politik des Wandels durch Annäherung war offensichtlich so überzeugend, daß sie beim Regierungswechsel 1983 originalgetreu von der Regierung Kohl übernommen wurde und in Richard von Weizsäcker sogar einen exzellenten Interpreten fand. Die Sowjetunion und ihre Führung waren, ebenso wie die anderen Regierungen des Warschauer Paktes, längst mit tausend Fäden und Interessen mit dem Westen verknüpft, am überzeugendsten und sichtbarsten durch die KSZE. 1989 schließlich kommt die Entspannungspolitik an ihr vorläufiges Ende: Die inneren Konfrontationen zwischen Ost und West waren soweit entspannt, daß da kein Eiserner Vorhang und keine Mauer mehr hielt.
Und die deutsche Sozialdemokratie? Sie hat soviel gewonnen – und doch alles verloren. Es ist so, als ob sie sich nie einen Begriff davon gemacht hätte, was für ein geniales und epochemachendes Politikkonzept sie da in die Welt gesetzt hatte.

Dialog mit den Terroristen

> Das Allerbedenklichste an den Bewegungen in Westeuropa und Amerika ist eine eigentümliche Verzweiflung, die in ihnen steckt, als ob sie schon wüßten, daß sie zusammengeschlagen werden. Und als ob sie sagten: Wir wollen es wenigstens provoziert haben, zusammengeschlagen zu werden: Wir wollen nicht auch noch unschuldig sein wie die Lämmer. Es ist etwas von Amoklaufen in diesen bombenwerfenden Kindern.
> *Hannah Arendt*

Je problematischer und risikoreicher die Gewalt in der Außenpolitik, um so höher ist oft ihr Ansehen in der Innenpolitik. Und umgekehrt. Das läßt vermuten, daß da ein innerer Zusammenhang besteht, eine Art Steuerung gesellschaftlicher Aggressivität. Der Krieg ist vielleicht nicht der Vater aller Dinge, aber gelegentlich wird er doch erfahren als Stifter einer ungekannten Einigkeit, eines Gemeinschaftsgefühls, als sei er ein Ventil für im Inneren angestaute Energien.
Es gibt also innere Bedingungen in Gesellschaften, die auf kriegerische Entladung nach draußen drängen. Aber der Krieg ist keine Möglichkeit, die Gewalt aufzulösen, er ist höchstens ein Ventil. Am Ende jedes Krieges ist das Konto von Gewalt und Gewalterfahren angewachsen, und die Gesellschaften stehen erneut vor der Frage, wohin mit all diesen Traumata. Besonders heftig stellt sich diese Frage für die Völker und Kriegsparteien, die eine Niederlage, die Zerstörungen im eigenen Land hinnehmen mußten. Wie verarbeiten Zivilgesellschaften, die sich in aller Regel nicht wehren können, die erfahrene Ohnmacht, die Bombennächte in den brennenden Städten, die Vergewaltigungen und Demütigungen? Und wie bewältigen sie die eigene außerordentliche Schuld oder auch traumatische Niederlagen?
Kaum fünfundzwanzig Jahre nach dem Ende des Zweiten Weltkrieges, gegen Ende der ersten Phase der weltweiten Studentenbewe-

gung, entstanden in mehreren hochentwickelten Industrienationen terroristische Gruppen der radikalen Linken. Alle nahmen sich die Gewaltstrategien aus den Konfliktzentren Lateinamerikas und aus der Krisenregion des Nahen Ostens zum Vorbild, besonders angesehen waren dabei die Tupamaros in Uruguay und die palästinensischen Guerillas. Die terroristischen Gruppen erzeugten eine weit über die reale Gewalt hinausgehende traumatische Reaktion in ihrem jeweiligen nationalen Umfeld und führten zu heftiger innergesellschaftlicher Polarisierung und gewaltigen Sicherheitsmaßnahmen der Staatsapparate.

Es kann kein Zufall sein, daß die wachsende Bereitschaft zum Terrorismus gerade in den Ländern sich entwickelte, die eine faschistische Vergangenheit hatten. In Italien verbreiteten die Roten Brigaden Furcht und Schrecken, in Spanien und im Baskenland die ETA, in Deutschland die Rote Armee Fraktion, in Japan die Rengo Sekigun. Typisch für all diese Gruppierungen war, daß sie sich aus sehr jungen, meist hochbegabten Intellektuellen, unter ihnen viele Söhne und Töchter aus den nobelsten Familien des Landes, rekrutierten. Auch fiel der Anteil von Frauen in den Gruppen ins Gewicht und die moralische Motivation, die sie für sich in Anspruch nahmen, festgehalten in meist schwer lesbaren Texten voller Pathos und Bekennerstolz. Was trieb diese »amoklaufenden, bombenwerfenden Kinder« an, und was trieb sie so ins Abseits, daß da »nur noch Schwarz übrig blieb« (Hannah Arendt)?

Wie die Studentenbewegung vor allem als Protestbewegung gegen den Vietnamkrieg entstanden war, so rechtfertigte sich der Terrorismus durchweg mit dem Motiv, einen neuen Faschismus zu verhindern, bzw. die faschistoiden Tendenzen der bestehenden Staatssysteme offenlegen zu müssen. Die Attentate auf Repräsentanten von Staat und Wirtschaft wurden wiederholt damit legitimiert, es handele sich um frühere NS-Funktionäre oder doch um Politiker und Wirtschaftseliten, die eine neue Phase des Faschismus einzuleiten beabsichtigten. Waren die Terroristen in Haft, so interpretierten sie ihre Situation häufig, bis in die Sprache und Wortwahl hinein, durch Identifikationen mit Personen des antifaschistischen Widerstands: Sie waren in »Vernichtungshaft«, unterlagen der »Isolationsfolter«, der Staat plane die »Ausmerzung ihrer Identität« und zeige damit »sein wahres Gesicht«.

Verblüffend war: Auch die staatlichen Instanzen interpretierten die terroristischen Gruppen mit den Mustern der faschistischen Vergangenheit, auch sie fühlten sich im Abwehrkampf gegen »faschistische Banden«. Sie reagierten mit hektischen, die reale Bedrohung um ein Vielfaches übersteigenden Unterdrückungsmaßnahmen, die selbst vor einem drastischen Abbau demokratischer Errungenschaften des Straf- und Prozeßrechts nicht zurückschreckten.

In einem fast tragisch zu nennenden Mißverständnis standen sich so zwei Gruppen gegenüber, die Terroristen auf der einen, die staatlichen Krisenstäbe auf der anderen Seite, und erklärten sich gegenseitig zur aufkommenden neuen faschistischen Gefahr, die es mit ungewöhnlichen Gewaltmitteln abzuwenden gelte. Dazwischen aber befand sich eine weitgehend handlungsunfähige, eingeschüchterte Öffentlichkeit, die einem Show-down zusah, den abzuwenden sie sich nicht imstande fühlte. Konzentriert um den symbolischen Kern der terroristischen Gewalt durchlebte die ganze Republik noch einmal die Gewaltemotionen aus der Ära des Faschismus, als ginge es um ein Ritual, eine religiöse Erinnerungszeremonie.

Bemerkenswert an dem Prozeß in Deutschland war, daß diese Auseinandersetzung mit dem Terrorismus genau zu dem Zeitpunkt einsetzte, als mit der sozialliberalen Regierung der erste Versuch gemacht wurde, die bis dahin sehr autoritär geführte, dumpf-konservative Bundesrepublik von innen her zu liberalisieren. Ja, es läßt sich sogar feststellen, daß die erste SPD/FDP-Regierung ihre harte Reaktion auf die Rote Armee Fraktion direkt als Ausweis zur Legitimation ihrer Regierungskompetenz im Inneren benutzte. Das Kon-

zept der »wehrhaften Demokratie« kontrastierte und ergänzte das selbstgesetzte Ziel für Staat und Gesellschaft: »Mehr Demokratie wagen!«
So wurde die Auseinandersetzung mit der RAF zur Gründungsgewalt der erneuerten liberalen Bundesrepublik. Wie immer bei solchen unbewußten kollektiven Prozessen ging das nicht, ohne daß der Gegenstand dieser Gründungsgewalt, die RAF, selbst zum Mythos wurde, der Schrecken verbreitete, aber auch Verehrung genoß. Am Ende der Mythenbildung waren aus den amoklaufenden, bombenwerfenden Kindern dieser Republik für die einen längst überdimensionierte Monster, für die anderen heldenhafte Märtyrer des Systems geworden.
Die Bundesrepublik konstituierte sich erstmals eigenständig, als sie die RAF mit Gewalt ausgrenzte. Selbst die politische Linke der Republik und die Studentenbewegung brauchte sehr lange, um diese Mechanismen zu begreifen. Sie war erschreckt über die offen ausbrechende Gewalt, wobei sie die Terroristen teils als Jäger und teils als Gejagte erlebte. Sie war auch eingeschüchtert durch die Berufsverbote und die davon ausgehende Bedrohung für die eigene Lebensplanung. Die RAF erfüllte für diese Linke die Funktion von »kybernetischen Mäusen« (Wolf Biermann), von wagemutigen Vorboten im Systemdschungel, die, mit dem eigenen Schicksal als Versuchsobjekt, die Gänge in die Wirklichkeit gruben, die die große Masse dann nicht mehr zu gehen brauchte, weil fortan vor den Eingängen ein Hinweisschild stand: Vorsicht! Absturzgefahr! Lebensgefährlich!
So gesehen erfüllte die RAF auch für die politische Linke der Nachkriegsrepublik die Funktion eines stellvertretenden Opfers: Sie verkörperte die eigene, schon in der Studentenbewegung latent vorhandene Gewaltbereitschaft und half gleichzeitig, diese zu bewältigen. Niemals hätte es sobald eine so umfassende Friedensbewegung in Deutschland gegeben, wenn es nicht diese heftige Gewalterfahrung des »Deutschen Herbstes« gegeben hätte. Das

erklärt die nachhaltige gegenseitige Bindung der RAF und der neuen politischen Linken, die selbst Züge von Nötigung und schlechtem Gewissen trug.

Gründungsmythen sind gefährlich wie alle Opfermythen. Es gehört deswegen zur Qualität von Demokratien, daß sie genügend aufklärerische Vernunft besitzen, um hinter den Mythen die realen Prozesse mit ihren realen Opfern zu erkennen. Gewalthaltige Prozesse brauchen an ihrem Ende formelle Friedensschlüsse, Akte der Versöhnung, um nicht länger zerstörerisch zu wirken. Der günstigste Zeitpunkt dafür ist dann gekommen, wenn die Gesellschaft insgesamt im Wandel ist und damit auch die Ursachen verschwinden, die ehemals die Gewalt hervorriefen. So rufen neue Regierungen – wie zuletzt Mandela in Südafrika – klugerweise Amnestien aus, um das Gewalterbe beendeter Konflikte zur Ruhe kommen zu lassen. Diese erstaunliche Versöhnungsbereitschaft am Ende eines Zeitalters erbitterter Gewalt entspricht nicht immer dem Gerechtigkeitsgefühl moderner Möchte-gern-Ajatollahs oder mitteleuropäischer Möchte-gern-Staatsmänner, aber es zeugt von großer hellsichtiger Klugheit. Nichts ist nämlich so zerstörerisch wie Gewalt, die sich von ihren Ursprüngen löst und in einer völlig anderen Zeit bedrohlich weiterwirkt. Das ist genau der Grund, warum der Frieden in Nordirland, im Baskenland, in Afghanistan und in Palästina um ein Vielfaches schwerer zu erreichen ist als anderswo. Vererbte unversöhnte Konflikte vervielfachen ihre Zerstörungskraft.

In der Bundesrepublik hat sich diese Strategie immer noch nicht durchgesetzt. Hier gab es spätestens seit Mitte der achtziger Jahre die Möglichkeit, die Kette der terroristischen Gewalt und der staatlichen Gegengewalt zu unterbrechen. In dieser Phase gab es auch genügend öffentliche Unterstützung, um in einen Prozeß des Dialogs einzutreten, mit dem Ziel, den Konflikt endgültig zu beenden. Für den Staat stand als Versprechen hinter diesem Dialogversuch mit den Gefangenen der RAF die Hoffnung auf ein Ende der terro-

ristischen Gewalt, für die Gefangenen und die untergetauchten Gruppenmitglieder ein fairer Ausweg aus dem Gefängnis bzw. aus der Illegalität. Spätestens mit dem Ende des letzten Hungerstreiks der RAF 1989 war die Zeit überreif für eine solche Lösung, auf die die Republik wartete und auch genügend vorbereitet war.
Es kam nicht dazu. Warum? Die staatlichen Instanzen wollten sich nicht mit »gemeinen Verbrechern an einen Tisch setzen wie mit Tarifpartnern«. Die kindlichen Ratgeber der Terroristen taten das ihre, den Weg zu den Gesprächen mit allerlei revolutionsverliebtem Firlefanz zu erschweren. So scheiterte eine gute politische Lösung an einer merkwürdigen Mischung aus protziger Selbstgefälligkeit und schlichter Dummheit auf seiten des Staates und aufgeblähtem Statusgehabe (»Kriegsgefangene«) und der romantischen Sehnsucht nach ewig aufrechten Helden im Knast bei den vermeintlichen Freunden der Gefangenen.
Eine Chance war vertan. Ein kleiner Friedensschluß, der schon auf dem Silbertablett bereit lag, nicht unterzeichnet worden. Das ließ nichts Gutes vermuten für eine viel größere Aufgabe von Friedensfähigkeit und Versöhnungsbereitschaft, die bald darauf von den westlichen Staaten gefordert sein würde: die Versöhnung mit den Trägern eines ganzen ideologischen Systems nach dem Zusammenbruch der sozialistischen Staaten.

Teil III

Macht und Ohnmacht nach dem Ende des Kalten Krieges

Es ist immer die gleiche Mentalität: in Schwarz und Weiß zu sehen. In der Realität gibt es das überhaupt nicht. Wenn man nicht das ganze Spektrum einer Epoche kennt, nicht unterscheiden kann zwischen den Grundbedingungen der verschiedenen Länder, den verschiedenen Entwicklungen, Arten und Stufen der Produktion, der Technik, der Mentalität, der Tradition, etc. etc. – ja, dann kann man sich einfach nicht in dem Gebiet bewegen. Man kann nichts anderes tun, als die Welt in Trümmer schlagen, um endlich nur noch eins vor sich zu haben: nämlich Schwarz.

Hannah Arendt

Zeit der Unordnung und allerlei schwarze Gedanken

Der Kalte Krieg ist vorbei, wir haben jetzt heißen Frieden. Auch die Epoche der Pax Atomica geht ihrem Ende entgegen. Unter dem absurdesten aller Schutzschirme, der atomaren Superrüstung zweier Supermächte, hatte Europa eine ungewöhnlich lange und stabile Friedenszeit erlebt, beherrscht durch die weltweit dominierende Logik der gegenseitigen Abschreckung. Diese permanente Drohung mit extremer Gewalt war der Garant für die praktische Vernunft der Staatsführer: Wer an den atomaren Schlaf dieser bis an die Zähne bewaffneten Welt rührte, der riskierte zugleich die kollektive Selbstauslöschung der Menschheit. Die Logik der Abschreckung taugte sogar zur Bändigung regionaler und ethnischer Konflikte.
Niemand kann die praktische Effizienz dieser dualen Abschreckungslogik heute noch bestreiten, deren einer Pfeiler, der Warschauer Pakt mit der Supermacht UdSSR im Zentrum, seit 1989/90 kampflos in sich zusammenfiel. Gab es je eine wirksamere – wenn auch zynische – Strategie für eine dauerhafte Kriegsvermeidung? Umso dringlicher wird damit die Frage, wer oder was kann jenen Druck der dualen Logik, des weltweiten Patts der Gewaltpotentiale, ersetzen, die auf so ungewöhnliche Weise ihre Friedensdividende erbrachte.
Es gehört zur Krisensituation des heutigen Europa, daß es sich diese Frage erst *nach* der großen Wende, *nach* dem Ende der Systemkonfrontation stellte, als die Feuer der Bürgerkriege schon wieder loderten. Die Aufhebung des Kalten Krieges hatte zunächst nicht mehr bewirkt als ein Machtvakuum, und dem folgte die Rückkehr der alten Kriege und der Beginn neuer Unordnungen. Der »europäische Bürgerkrieg« (Enzensberger) tobt nicht nur in der Kaukasusregion und auf dem immer konfliktträchtigen Balkan, er nähert

sich bereits den europäischen Metropolen. Höchste Zeit also, nachzudenken über jene geheimnisvollen Mechanismen einer hochgerüsteten »Friedens«-Ordnung, die zumindest so mächtig gewesen waren, den offenen Krieg im Zaum zu halten.
Was man ersetzen will, muß man zumindest erst einmal verstehen. Was also war das Geheimnis dieser Logik, die es vermocht hatte, soviel Gewaltpotentiale anzuhäufen und gleichzeitig dauerhaft zu fesseln? Im Innern dieser Logik steckte der letzte Mythos des modernen Europa: Die duale Logik der großen Blockkonfrontation hatte die Welt diesseits und jenseits des Eisernen Vorhangs in zwei große Mächte eingeteilt, die sich jeweils gegenseitig als »Reiche des Bösen« dämonisierten und bedrohten. Beide haben sich damit ihre eigenen Gewaltanteile verschleiert, gleichzeitig aber auch deren Ausbruch – jedenfalls nach außen – wirksam in Schach gehalten, indem sie den Ursprung jener Gewalt jeweils jenseits des Eisernen Vorhangs projizierten und sich damit selbst entlasteten.
Der Dualismus von gut und böse geht meist einher mit der Jagd auf den Feind, den Sündenbock, auf das versöhnende Opfer. Diese Jagd aber war zu Zeiten der atomaren Hochrüstung nicht mehr risikolos für den potentiellen Jäger. Je mehr sich die europäischen Staaten nun selbst vor kriegerischen Konfrontationen hüteten, je mehr sie sogar durch genaue Kenntnis des gegnerischen Lagers ihren Feindbildern und Mythen mißtrauten, um so weniger waren sie bereit, sich gegenseitig zu »opfern«. Damit aber näherten sie sich unweigerlich den Ahnungen über die Ursprünge ihrer eigenen gewalthaltigen Verfaßtheit.
So läge der Zusammenbruch der großen Weltsysteme gerade darin begründet, daß sie zu »klug« geworden waren, um den gewalthaltigen Gründungsmythos aus der Zeit ihres Entstehens, die Ursprungstat des militärischen Sieges über den »bösen Feind«, der immer zu opfern ist, wieder zu erneuern.
Ein Staatsmann der alten harten Schule, Winston Churchill, hatte es nach 1945 vermocht, sofort nach dem Zusammenbruch des rea-

len Feindes, der NS-Diktatur, die europäischen Gesellschaften neu auszurichten, auf den neuen Feind Europas, die Sowjetunion. Wäre es nach ihm gegangen, er hätte selbst die geschlagenen Deutschen sofort wieder mitkämpfen lassen, da er sie für leicht erregbar hielt für ideologische und militärische Feindprojektionen. Aber das alte Europa war nach zwei heißen Weltkriegen zutiefst kriegsmüde – es war allenfalls mobilisierbar für die gebändigte Form des ideologischen Waffenganges, für den Kalten Krieg.

Absurder und gefährlicher Gedanke: Zerbrachen die Monopole der beiden Supermächte folglich gerade daran, daß sie nicht wieder von neuem durch offene Gewalt und Krieg konstituiert und bestätigt wurden? Zerstören sich Weltreiche also nicht nur durch maßlose Kriege, sondern womöglich gerade dadurch, daß sie sich nicht in Kriegen blutig erneuern? Und was heißt diese Überlegung aus der schwärzesten Pädagogik heute für die einzig übriggebliebene Zentralmacht der Ära des Kalten Krieges, die USA, die in der ungemütlichen Lage ist, ihren mythologischen und realen Widerpart verloren zu haben? Tatsache ist, daß nach dem Untergang der UdSSR nicht die Friedensdividende kassiert wurde, sondern der Golfkrieg ausbrach.

Es gibt ein zentrales Problem aller Gesellschaften: die Gewalt, und es gibt nur eine Art, es zu lösen: die Verlagerung gegen äußere Feinde – so lehrt die machiavellistische Staatskunst.

Nein, hatte Hannah Arendt gesagt, die Macht kommt nicht aus der Gewalt, sie kommt auch nicht aus der Potenz zu siegen, sie kommt dauerhaft nur aus dem gesellschaftlichen Konsens. Hält diese fast idealistisch zu nennende Position stand gegenüber der Wirklichkeit, gilt sie auch angesichts der historischen Erfahrung der jüngsten europäischen Umwälzungen?

Die ganze Gorbatschow-Ära in der krisengeschüttelten UdSSR war ein einziger Versuch, die schon zerfallende Sowjetmacht mittels dieses politischen Konsenses noch einmal neu zu konstituieren – und zwar ohne Gewalt. Darin lag das Atemberaubende dieser

Politik. Es war der Versuch, mitten im Strom einer gewaltigen, wirtschaftlichen, politischen und sozialen Krise die Pferde der Macht zu wechseln, illegitime diktatorische Macht zu ersetzen durch legitime Macht, die den Gesellschaftskonsens sucht. Politische Macht neu und demokratisch zu legitimieren, das war das Ziel von Glasnost und Perestroika. In dieser Perspektive lag eine fast utopische Hoffnung, daß es vielleicht doch gelingen könne, ein ganzes Weltreich umzubauen und dabei den Rückfall in archaische Gewalt zu verhindern. Aber ausgemacht war das keineswegs, und auf jeden Fall war es ohne historisches Vorbild. Denn das Wachsen der neuen Ordnungen braucht meist mehr Zeit als der Rückfall in alte Unordnungen. Das Experiment kam zu spät. Zu spät vielleicht nicht für alle Völker im Bereich der ehemaligen Sowjetunion, aber doch für die Träger der alten Machtsysteme und ihre Chance, das riesige Sowjetreich zusammenzuhalten und von innen zu reformieren.

Dennoch war dieser Versuch nicht ohne Wirkung. Er half zwar nicht, die alte Macht in ihrem Zentrum zu retten, die wohl doch nicht mehr reformfähig war. Aber er trug entscheidend dazu bei, daß die angeschlagene alte Macht in ihrem unvermeidlichen Untergang nicht blutig um sich schlug. Diese Möglichkeit hätte sie immer noch gehabt, untergehende Weltreiche haben oft noch eine gewaltige Zerstörungspotenz. Der deutsche Nationalsozialismus hat zur Vermeidung der Einsicht in die eigene Gewaltakkumulation einen ganzen Weltkrieg entfesselt, Millionen Menschen vernichtet, Pogrome ausgerufen und Sündenböcke gejagt, den Völkermord am jüdischen Volk geplant und durchgeführt. Am Ende war er bereit, auch die eigene Bevölkerung zu opfern.

Wo illegitime Macht verloren geht, steigt immer die Gefahr, daß zur Gewalt gegriffen wird. Wenn 45 Jahre nach dem Untergang des Dritten Reiches die sozialistische Supermacht, zu deren Gründungsmythen ein Bürgerkrieg, ein Zarenmord und die Millionen Opfer der stalinistischen Säuberungen gehörten, faktisch ohne einen Schuß und ohne einen gewaltigen Berg von Opfern aus der

Geschichte abtrat, so zeugt das von einer Stärke ganz besonderer Art. Es ist die Macht, auf das »letzte Opfer« zu verzichten, auf den apokalyptischen Wunsch, alles mitzuvernichten, wenn schon die eigene Niederlage ausgemacht ist.
Diese Politik der apokalyptischen Massenstimmungen und der verbrannten Erde vermieden zu haben, ist die wirkliche historische Leistung Michael Gorbatschows und der Reformer im Zentrum der KPdSU. »Helden des Rückzugs« hat Hans Magnus Enzensberger diejenigen genannt, die sich auf diese Kunst der machtvollen Selbstbindung und der Demontage der eigenen Herrschaftsbasen verstanden. Ganz Osteuropa hatte nicht wenige von diesen Helden. Die meisten saßen in den Machtapparaten von Partei, Staat, Militär und sogar in den Sicherheitsdiensten. Denkmäler wurden ihnen nicht gesetzt. Noch nicht – doch das ist eine andere Geschichte.
Vorerst geht es auch gar nicht um Denkmäler, sondern um Formen, Strukturen und neue Ordnungen. Mit dem Ende des Kalten Krieges und der Blockkonfrontation ist ja nicht nur ein Druck und eine Drohung weggefallen, die bis dahin das Ausbrechen von Gewalt unter den Staaten verhindert hat, sondern zugleich eine bestimmte Formation und innere Organisation der europäischen Gesellschaften. Nach dem Zerfall des alten Systems kommt zunächst einmal die Zeit der Unordnung – darin ähnelt das Chaospotential im heutigen Europa der Umbruchphase nach der Reformation im 16./17. Jahrhundert. Besonders für die Staaten in Ost- und Mitteleuropa brach nicht nur das äußere Feindbild und der militärische Schutzschirm zusammen, sondern auch jegliches soziales Gefüge und die Personalisierung der Macht in den Staatsparteien.
Dramatisch schnell, wie sich die alten Ordnungen auflösten, war diese Staatsmacht schon zersetzt, ehe es gelingen konnte, neue Formen von Staatlichkeit oder eine Kultur der demokratischen Selbststeuerung der Gesellschaften zu entwickeln. Nicht, daß die Osteuropäer unerfahren gewesen wären in der Kunst, sich selbst auch

unterhalb der staatlichen Ebene zu organisieren – darin waren sie den meisten Westeuropäern eher voraus. Aber ihre Formen der Selbstorganisation trugen in aller Regel Züge eines staatsbürgerlichen Desinteresses, einer eigenartigen Mischung aus äußerlicher Angepaßtheit und unmerklichem Dissidententum im Alltagsleben. Die meisten Menschen lebten so praktisch in einer Gegengesellschaft mit eigenen Verhaltenskodices, die die soziale Überlebensfähigkeit unter massiven Staatsbürokratien ermöglichte. Auf die kreative Aufgabe, der Gesamtgesellschaft eine neue Form und Ordnung zu erdenken, waren sie jedoch ebensowenig vorbereitet wie die gesamte hochkarätige Elite der politischen Theoretiker und Praktiker der westlichen Demokratien, inklusive aller Staatsmänner und -frauen.

Nach dem großen Zusammenbruch der Nachkriegsordnung war Europa ohne jede Idee eines neuen Entwurfs für den alten Kontinent. Das neue europäische Haus hatte, trotz aller Sonntagsreden, keinen Bauplan, keine statische Berechnung, keinen Architekten. Zu verwundern ist es also keineswegs, daß in Ermangelung neuer Ordnungen zu den alten zurückgegriffen wurde: zu den nationalen und ethnischen Bezügen der früheren Epochen.

Damit aber war der Weg frei für die Rückkehr der Gewalt. War die Phase einer so umfassenden Umwälzung der europäischen Verhältnisse – wie alle Revolutionszeiten – schon in sich dazu geneigt, die Tür zur Barbarei einen Spalt breit zu öffnen, so vermischte sich dies noch mit der militanten Brisanz, die den Kampf um die Nationalstaaten seit jeher gekennzeichnet hatte. Zum Wesen der Herausbildung von Nationalstaaten gehört nämlich der Kampf um die Identität – und der Kampf um die Grenze.

Sich zur Nation zu erklären, das heißt zunächst einmal, Grenzen zu ziehen, kulturelle Grenzen und territoriale Grenzen. Beide waren schon in der Vergangenheit die häufigsten Ursachen für das Entstehen von Feindbildern und kriegerischen Konflikten, jedenfalls in der Anfangsphase ungefestigter nationaler Identitäten und Traditionen.

In solchen Zeiten heißer nationaler Aufbrüche haben charismatische Hasardeure Hochkonjunktur, ebenso wie populistische Parolen und Massenbewegungen. Kaum vorstellbar aber, daß die ernstzunehmenden politisch Verantwortlichen der europäischen Staaten nicht gewußt hätten, welche gefährliche Karte sie ziehen, wenn sie im Spiel um die Macht auf das Wiedererstarken des Nationalismus in Europa setzten. Warum ließen sie diese gefährlichen Stimmungen trotzdem zu? Schwer zu sagen. Vermutlich waren sie, kaum anders als ihre Gesellschaften in Ost und West, selbst mehr Getriebene als Akteure. Umbruchszeiten und Übergangszeiten erzeugen ihre eigenen Ängste, manchmal erleben auch die Mächtigen sich eher als ohnmächtig, als Schaumkronen auf den Wellen. Die zentrale Angst der politischen Klasse in solchen Unsicherheiten ist die, überwältigt zu werden von den Ereignissen, ohne sie auch nur zu verstehen.

Züge solcher Überwältigung und des Rückgriffs auf alte Muster aus der Zeit des magischen Denkens zeigt im Osten besonders kraß die Regierung des neuen demokratischen Rußland. Zu unerfahren oder zu unintelligent für eine Politik des Dialoges oder der Entspannung, unternahm Präsident Jelzin im Kaukasus den Versuch, die Gründung des neuen russischen Reiches wieder mit einem Opfermythos, der blutigen und gewalttätigen Überwältigung der Tschetschenen, zu zelebrieren. Ein gefährliches und blutiges Spiel, bei dem der ganze Westen zuschaut.

Alle ahnen zugleich: Die Macht über die neue Zeit wird der bekommen, der als erster die Richtung des Stroms zu deuten versteht. Macht bekommt man in solchen Epochen aber nicht durch gewalttätige Überwältigung, sondern durch ein Versprechen zukünftiger Ordnungen. Wer in Europa am erfolgreichsten den Versuch startet, das Chaos zu beenden, wird den Auftrag bekommen. Und die verunsicherten Völker werden von ihm das Wunder erwarten, dies Weltproblem zu lösen, und zwar sofort, möglichst innerhalb einer Legislaturperiode.

Völkerwanderungen und Fremdenhaß

Schon vor dem Fall des Eisernen Vorhangs hatte das Vertreiben und das große Wandern begonnen – nach 1989 wurde es zu einem unaufhaltsamen Fließen, Strömen und Flüchten. Und wie immer in Zeiten großer Mobilität wächst in den Gesellschaften die Angst vor den Fremden und die Bereitschaft, das Eigene notfalls mit Gewalt gegenüber der als unheimlich empfundenen Bedrohung zu verteidigen. Fremdenhaß hat nicht nur ideologische Gründe, er ist ein Problem jeder modernen Gesellschaft, die die Mobilität propagiert und doch keine Sicherheit garantieren kann.
Warum wandern die Völker? Einfache Frage – einfache Antwort: Die Völker wandern, weil sie immer gewandert sind. Wir haben das nur aus unserem Bewußtsein verdrängt, wie andere Botschaften früher Zivilisationsstufen auch. Nur das Fernweh, das uns gelegentlich in den großen Städten überfällt, oder jene sehnsüchtige Unruhe, ausgelöst von einem besonderen Licht am Ende langer Wintermonate, erinnern uns manchmal daran, daß die Menschen in ihren frühen Kulturstufen nomadisch lebten und nichts anderes kannten.
Die nomadische Zivilisationsstufe ist älter als die Verwurzelung der Ackerbauern. Die Karawanenpfade und Handelsstraßen der Kaufleute sind älter als die ortsgebundenen Schutzmauern und Steinbauten der frühen Städte. Die Nomaden kannten nur bewegliche Besitz- und Eigentümer – mit Ausnahme eines Fleckens Erde für ihre Grabstätten. Seßhaft werden, Grenzsteine markieren, Städte bauen, Schutzmauern errichten, das setzt erst später ein und bildet den Kern der typisch europäischen Hochkulturen mit ihren besonderen Regeln des Sozialverhaltens auf engem, begrenzten Raum.
Die Spuren des Menschheitswissens, daß das Wandern einmal der Normalzustand menschlicher Existenz war, weil es das Überleben

eher garantierte als das Verweilen an einem festen Ort, finden sich in allen Kontinenten. Überall gibt es noch Traditionsreste kleiner nomadischer Volksgruppen und Kulturen – der Sinti und Roma, der Sami und Eskimos, der Massai und Beduinen, der indianischen Völker und der Aborigines – die bis in die heutige Zeit hinein nomadisch leben. In allen Regionen finden sich ethische Normen, die nur in nomadischen Kontexten entstanden sein können und nicht selten den Gewohnheiten der späteren Stadtkulturen entgegenstehen.

Zu den ältesten und unumstößlichsten Sozialregeln aller Weltkulturen gehören dabei die Gesetze der Gastfreundschaft gegenüber Fremden und Schutzlosen. Das alte Israel etwa hat aus den Überlebensbedingungen eines wandernden Volkes unter dem Schutz eines mitwandernden Gottes seine gesamte Gesetzgebung abgeleitet – mit der zentralen Mahnung des mosaischen Gesetzes: »Bedenke, daß du selbst ein Fremdling gewesen bist in Ägyptenland!«

Der Fremde wurde damit unter den besonderen göttlichen Schutz gestellt, er war tabu. Daraus leiteten sich die Vorschriften der Gastfreundschaft ab: niemand darf einen Fremden von der Tür weisen, für ihn ist Wasser zum Trinken und für ein erfrischendes Fußbad bereitzustellen, er ist vor Übergriffen zu schützen, ein Teil der Ernte wird regelmäßig auf den Feldern übriggelassen, damit der vorüberziehende mittellose Fremde ohne Verletzung seiner Würde Nahrung für sich und seine Tiere findet. Der Ort, wo all diese Gebote mißachtet werden und brutale Vergehen gegenüber wehrlosen Fremden gewagt werden, hat einen Namen: Sodom und Gomorrha. Er verfällt wegen dieses Frevels auf immer der göttlichen Rache.

Die ethischen Normen und Regelwerke zum Schutz des Fremden entstehen immer aus der eigenen Erfahrung der Bedrohung und der Hilfsbedürftigkeit der Heimatlosen. Die Nomadenkultur des Respektes gegenüber dem Fremden schreibt genau das vor, was der wandernde Wüstenbewohner sich selbst im Bedarfsfall wünscht: Wasser, ein Dach über dem Kopf, Unversehrtheit, Ehre. Das weltweite Wandern aber war aus Gründen der Existenzsicherung notwendig und keineswegs willkürlich gewählt. Die Stämme und Großfamilien wanderten, um Wasser und neue Weidegründe zu finden, wechselten die ausgelaugten Ackerböden, siedelten kurzzeitig in neu überschwemmten fruchtbaren Flußniederungen, wichen einer Überbevölkerung in bezug auf begrenzte Jagd- und Fischressourcen aus oder flohen vor regionalen Umweltbedrohungen.

Dieser Typ der Völkerwanderung korrespondiert also mit einer ökologisch angepaßten Lebensweise und der Subsistenzwirtschaft. Diese aber findet sich heute nur noch an ganz wenigen Orten unseres Planeten.

Die zweite Ursache von Völkerwanderungen ist seit über 500 Jahren dominierend: Millionen Menschen flüchten vor Kriegen, vor Eroberern und Verwüstungen, sie werden versklavt oder aus ihrer Heimat vertrieben. Diese *erzwungenen* Völkerwanderungen reichen von den Zeiten der Kolonisatoren über die Massenumsiedlungen infolge der beide Weltkriege bis zu den »ethnischen Säuberungen« der heutigen Zeit. Dabei hatten die gewalttätigen Eroberer oft leichtes Spiel, weil vielerorts noch intakte »Kulturen der Gastfreundschaft« anzutreffen waren, in denen die Opfer der Vertreibungen beherbergt und die Folgen des millionenfach erzwungenen Exodus abgemildert wurden. Doch auch in den Ländern des Südens und des Ostens nimmt diese kulturelle Substanz ab, zumal die Überbevölkerung, die wachsende Armut der Gastgeberländer selbst und der Prozeß der Konzentration der Menschenmassen in den großen Städten jedes Maß an menschenmöglicher Gastfreundschaft übersteigt. Wieviel Flüchtlinge und Gäste kann ein Land aufnehmen, ohne selbst zu Schaden zu kommen? Das ist in vielen armen Ländern Afrikas, Asiens und Lateinamerikas längst keine akademische Frage mehr. Beunruhigenderweise aber finden diese Debatten da am heftigsten statt, wo der materielle Reichtum am größten ist und weltweit die geringsten Quoten an Integration von Fremden zu verzeichnen sind: im Herzen Europas. Europa braucht dringend ein neues Konzept für eine von Grund auf erneuerte Kultur der Gastfreundlichkeit, die den heutigen Bedingungen auf dem Globus entspricht. Vorbilder gibt es genug, aber wenig überzeugende. Dennoch lohnt ein Überblick über die bisherigen Versuche, das Verhältnis zwischen Fremden und Einheimischen im Gefolge der erzwungenen Völkerwanderungen zu klären. Denn auch die durch Militär und Gewalt erzwungenen Wanderungen haben ihren normativen Niederschlag in Kultur und Rechtsprechung gefunden. Dafür gibt es drei sehr unterschiedliche Modelle:

• Das Apartheid-System: Beherrsche den Fremden!

In Südafrika sicherte jahrzehntelang die Apartheid die Herrschaft einer durch koloniale Gewalt etablierten weißen Oberschicht über die gesamte einheimische Bevölkerung, die zu »Fremden« mit eigenen »homelands« erklärt wurden. In abgemilderter Form bestimmte die Rassentrennung das Leben zwischen Schwarz und Weiß in den USA seit den Zeiten der Sklavenausbeutung in den Südstaaten bis zu den Tagen von Birmingham, Alabama, als die Bürgerrechtsbewegung ihre ersten Erfolge feierte. Immer, wenn die Integration nicht gelingt, neigen die Gesellschaften zu Varianten dieser Apartheidspolitik. Dazu gehört auch die ewige Neigung, Ghettos zu bauen.

• Das multikulturelle Schmelztiegel-Konzept in den USA und in Australien.

Dies erste Großexperiment zur absichtlichen Mischung unterschiedlicher Kulturen und Nationalitäten in einem Staatenverbund ist nicht allein aus dem Geist der Aufklärung und der Proklamation der Menschenrechte entsprungen. Auch an seiner Wiege stand vielmehr eine doppelte Gewalterfahrung: Die ersten weißen Einwanderer Amerikas und Australiens waren oft nicht mehr als die exportierte »soziale Frage« Europas. Sie waren selbst auf der Flucht vor politischer, rassischer oder religiöser Verfolgung. Sie waren auch entflohene Sträflinge, Abenteurer, Sektierer und Glücksritter – ein ziemlich explosives Gemisch von Desperados. Deswegen auch die andere, die dunkle Seite der Gründungslegende des freien Amerikas: Mit brutaler Gewalt wurden die Urbevölkerungen des Kontinents mitsamt ihren ökologisch angepaßten Kulturen vernichtet, um im vermeintlich »wilden Westen« Platz und Raum für die einwandernden Europäer zu schaffen. Der Schmelztiegel Amerika hat auch diese Vergangenheit verklärend mit in den Mythos Amerika »eingeschmolzen«.

Diese doppelte Gewaltgeschichte, vermehrt noch um die Erfahrungen aus dem Bürgerkrieg zwischen den Nord- und Südstaaten, sollte berücksichtigen, wer die Vereinigten Staaten allzu schnell als Vorbild einer gelungenen multikulturellen Gesellschaft und als prosperierendes Einwanderungsland ansieht. Auch diese multikulturelle Gesellschaft hat ihre konstituierenden »versöhnenden Opfer« in den Gründungsgeschichten. Auch die Gründungsväter der United States dachten bei der berühmten Deklaration der Menschenrechte zunächst mal an ihresgleichen und an das eigene Einwanderungsschicksal. Sie übersahen dabei mit Leichtigkeit die Menschenrechte der indianischen Ureinwohner, deren Kulturen nicht mitgemeint waren und denen kein Gastland freundlich offen stand. In diesen Leerstellen der Erinnerung an die Gründungsgeschichte des freien Amerika findet das tiefe Mißtrauen aller Ursprungskulturen seine Nahrung, daß multikulturelles Zusammenleben nur dann gelingt, wenn die Urbevölkerung zuvor eliminiert wird.

Für die heutigen Perspektiven einer multikulturellen Weltbevölkerung kann diese amerikanische Gründungsgeschichte kein Vorbild sein. Die aktuellen Bemühungen um soziale Toleranz, kulturelle Vielfalt und Integration finden auch nicht in entvölkerten Landstrichen statt, sondern auf der Basis stetigen Bevölkerungswachstums in dichtbesiedelten Gebieten, was die Aufgabe nur schwieriger macht.

● Das Konzept der ethnisch reinen Gebiete oder die Manie von der Abgrenzung und Vertreibung.

Es ist kein Zufall, daß Völker auf die Erfahrung von Krieg, Vertreibung und Kolonisation mit dem verstärkten Bewußtsein ihrer ethnischen und kulturellen Differenz reagieren. Sie suchen, gerade nach erlebten Bedrohungen ihrer kollektiven Existenz, nach ihrer »Identität«, nach dem zu rettenden Besonderen ihrer nationalen Kultur, nach Selbstvergewisserung. Die Geschichte der Kurden, der Armenier, der Basken, der Tschetschenen, der Tamilen sind dafür anschauliche Beispiele. Die ethnische Identität ist eine Heimat in der Fremde, eine Schutzhaut bei Angst vor Selbstauflösung, aber sie fordert dafür einen Tribut: die Abgrenzung um jeden Preis, den Verzicht auf kulturelle Öffnung, Toleranz und individuelle Emanzipation aus den vorgegebenen ethnischen Codes.

Die ethnischen und territorialen Festlegungen spiegeln eine Sicherheit und Unterscheidbarkeit über zwei Determinanten menschlichen Seins vor, die sich gerade durch historische Ungenauigkeit und schicksalhafte Unbestimmtheit auszeichnen: Blut und Boden, Abstammung und territoriale Verwurzelung sollen als sicher festgestellt werden und entziehen sich doch zugleich solchen Festlegungen. Diese Definitionen sind damit dicht am Kern des alten überholten Nationenbegriffs, der sich auch darauf kaprizierte, wo und durch wen ein Mensch gezeugt wurde. Daß die ethnisch begründeten Nationalstaatsgründungen meist mit Grenzstreitigkeiten, Sprachenstreits und Vertreibungen anderer ethnischer Minderheiten, ja oft sogar mit Pogromen einhergehen, ist eine logische Konsequenz dieser Manie der Abgrenzung – das zeigen neu alle Nationalstaatsgründungen im Osten Europas und auf dem Balkan. Im ungünstigsten Fall wird daraus ein Leben im immerwährenden Exil, ein Dahindämmern im selbstgewählten Ghetto, eine Flucht über den Globus, die nie zur Ruhe kommt, ein innerer Hang zu demonstrativen terroristischen Aktionen, die das Gewissen der Welt wachrufen sollen.

Im glücklichsten Fall gelingt daraus nach langen Wirren und Kämpfen die Gründung eines lebensfähigen Nationalstaats mit allseits akzeptierten und gesicherten Grenzen und friedlichen Beziehungen zu den Nachbarn. Gelingt dies Kunststück der Vereinigung zu einer ethnischen, kulturellen oder religiösen Identität in einem Nationalstaat, dann können sogar Bevölkerungsbewegungen riesigen Ausmaßes fast mühelos integriert werden, wenn sie nur als der eigenen Gruppe zugeordnet definiert werden. Dafür steht beispielsweise die mühelose Integration von Millionen von Umsiedlern und Vertriebenen in der Gründungsphase der Bundesrepublik. Sogar bestimmte Gruppen von ethnisch Fremden können von Zeit zu Zeit akzeptiert werden – falls es noch unberührte Natur zu »zivilisieren« gibt oder falls sie einen produktionstechnischen Fortschritt versprechen, wie etwa die Hugenotten im Preußen Friedrichs des Großen.

In der Regel aber sind nationale und ethnische Identitäten ihrem Wesen nach abweisend gegenüber Fremden und anderen ethnischen Kulturen, soviel soziale Integration sie auch zu leisten vermögen gegenüber Mitgliedern der eigenen ethnischen Zugehörigkeit. Nationalistische Ideologie und Fremdenhaß bedingen sich gegenseitig. In Staaten mit ausgeprägtem Nationalismus kann eine Kultur der Gastfreundschaft und der kulturellen Toleranz nicht gedeihen. Nicht zuletzt deswegen darf der ethnische Nationenbegriff des 19. Jahrhunderts nicht die Schwelle zum nächsten Jahrtausend überschreiten! Dieses Jahrhundert wird nämlich Integrationsarbeit in einem Umfang leisten müssen, wie es sich kein Zeitgenosse derzeit vorstellen kann.

Warum wandern die Völker? hatten wir gefragt. Weil sie immer gewandert sind, war die eine Antwort. Weil sie verjagt, vertrieben, ethnisch gesäubert werden, die andere. Der dritte Grund heißt: Die Völker wandern aus Hunger – und weil sie nichts mehr bindet. Es gibt keine letzten Reste unberührter Natur mehr zu »zivilisieren«. Es gibt keine schwach besiedelten Ausweichgebiete mehr für die

Millionen Hungerflüchtlinge dieser Erde. Hunger ist eine unausweichlichere Geißel als politische Unterdrückung, man kann davor nicht in Wüsten fliehen und nicht einmal in die innere Emigration oder die Kollaboration ausweichen.
Africa goes to Europe – das gilt nicht nur für die drohende Armutsentwicklung in manchen östlichen Staaten, das gilt vor allem für die Zerrüttung von all dem, was eine Bevölkerung kulturell und politisch binden könnte. Afrika ist in weiten Teilen ein sterbender Kontinent. Seine Bodenschätze sind geraubt, seine Äcker verwüstet und vergiftet, seine Eliten wieder und wieder versklavt und außer Landes gebracht worden. Heute sind viele der Resteliten verbürokratisiert oder korrumpiert und kaum in der Lage, sich nach dem kolonialen Blutzoll wieder neu zu bilden. Afrikas Grenzen wurden von den Eroberern ohne Rücksicht auf Tradition und Kultur mit dem Lineal gezogen, seine Riten und Totems durch westlichen Kulturimperialismus lächerlich gemacht und als Billigramsch verkauft, seine Bauern sind ruiniert durch die Hungerkampagnen der westlichen Weizenexporteure. Dieser Kontinent ist nach Jahrhunderten solcher Verwüstungen durch die europäische »Hochkultur« so zerschunden, daß er nicht mehr in der Lage ist, seine Menschen zu ernähren, ihre Überlebensregeln zu bewahren und die einfachsten Bindungen zu schützen.
Gerade deswegen kommt dem einzigartigen Versuch eines Nelson Mandela eine fast revolutionäre Bedeutung zu, am Ort des Apartheidsystems, mitten in Südafrika, ein neues Bild eines lebensfähigen Afrika zu entwerfen und Menschen darauf zu verpflichten – und zwar ohne Gewalt, ohne Rache, ohne ein neues Ghetto für die Weißen.
Ob Osteuropa diesen Weg geht oder ein zweiter oder dritter verwüsteter Kontinent wird, das ist nicht entschieden. Dabei ist die Frage: Was bindet die Menschen, was hält sie von der großen Flucht ab? von entscheidender Bedeutung.
Was folgt daraus? Alles, was in der Lage ist, Menschen noch kulturell zu binden und von der großen Wanderung ohne Ziel abzu-

halten, ist zu unterstützen. Das sollte auch bedacht werden bei den notwendigen und schmerzhaften Kampagnen zur Aufarbeitung der realsozialistischen Vergangenheiten und Verstrickungen. Neben und in den gewaltigen Bürokratien gab es auch kulturelle Eliten, wissenschaftliche Eliten und eine Schicht von Reformern. Wenn alles an Wissen und Kulturleistung, das in den letzten 70 Jahren dort gewachsen ist, völlig entwertet und zerstört werden muß, wird nichts mehr bleiben, was kluge und aufmüpfige Geister auf Dauer halten kann. Nach dem Bürgertum, den Dissidenten und Intellektuellen verschwinden dann auch noch die letzten Reste der Reformeliten.

Die konkrete politische Planung für eine Stabilisierung der osteuropäischen Staaten müßte das berücksichtigen, sie müßte dem Prinzip der materiellen Grundsicherung und der kulturellen Bindungen den Vorzug vor allen anderen Programmen einräumen. Daraus würde sich eine Rangordnung der Aufgaben ergeben: Infrastruktur und landwirtschaftliche Entwicklung müßten Vorrang haben vor den Industrieprojekten, denn wer langfristig die Industrie entwickeln will, muß erst einmal die Landwirtschaft stark machen. Wer die städtische Kultur fördern will, darf die Regionen nicht vergessen. Wer die demokratischen Bewegungen kräftigen will, darf die Reformer nicht demütigen. Wer die Toleranz gegenüber Minderheiten fördern will, muß die eigenen Fluchtgründe mindern.

Und dennoch! Auch wenn dies alles in der richtigen Ordnung angepackt würde, auch wenn es gelänge, den Hunger zu besiegen, kulturelle Bindungen wieder zu stärken und die Eliten im Lande zu halten – auch im günstigsten aller Fälle wird der reiche Westen in den nächsten Jahrzehnten ungeheure Wanderbewegungen aus dem Osten und Süden aufnehmen und integrieren müssen. Etwas anderes anzunehmen, wäre reine Traumtänzerei.

Ein Königreich für ein bißchen Moral – oder: Auch diese Ressource ist endlich

Die eigentliche Wiege der europäischen Zivilisation stand gar nicht in Europa, sie stand auf dem rötlich-staubigen Boden des Zweistromlandes, am Ursprungsort dreier Weltreligionen. Was aber dort erdacht, erträumt, tradiert und aufgeschrieben wurde an Regeln des Sozialverhaltens, an Geboten, Normen und Werten, ist nahezu aufgebraucht. Auch die Moral und Ethik der Völker ist eine endliche Ressource, sie geht durch unmäßige Ausbeutung zur Neige wie die Bodenschätze, die Regenwälder, die Ackerkrume, die Ozonschicht. Das Zivilisationsmodell der hochentwickelten Industrienationen lagerte auf all diesen materiellen und immateriellen Reichtümern wie die einstmals faszinierend schöne und heute völlig übersiedelte Ferieninsel auf dem Süßwasserkissen – alle hielten den Vorrat für unendlich und stehen plötzlich vor der Aussicht auf den letzten Tropfen. Das sind Momente der Wahrheit und eines großen Durstes.

Die Endlichkeit der Ressource »Werte und Normen« ist seit einiger Zeit ein Lieblingsthema konservativer Politiker, begleitet von einer intensiven Ursachenforschung. Als Übeltäter und Wertevernichter werden beliebig ausgemacht: der Sozialismus, die 68er-Kultur, der Egoismus, karrieresüchtige Frauen, faule Lehrer und lieblose Eltern ... Das Illusorische an dieser Anklägerei ist dabei weniger die Adresse der Vorwürfe als vielmehr der Gestus der Nachfrage – als ließe sich irgendeine Quelle des Unheils ausmachen, die nur abgestellt werden müßte, und alles wäre wieder gut.

Damit gerät auch so etwas Löbliches wie die Suche nach einer gemeinsamen Ethik der Moderne zur Ersatzhandlung, zur altbekannten Jagd auf Sündenböcke, die vergißt, daß alle an diesem Phänomen beteiligt sind. Es gibt für Zeitgenossen keinen denkbaren Ort außerhalb der Gegenwart – mit Ausnahme des Nichts. In bezug auf die kulturellen Hauptströmungen einer Epoche sind alle Lebenden deswegen auch immer Mitschwimmer und Kollaborateure, es sei denn, sie machten ganz außerordentliche Anstrengungen des Dissidententums oder der Eremitage in der Wüste, der Urform asketisch-meditativen Lebens. Davon aber kann auch bei den konservativen Kritikern des Werteverfalls nicht die Rede sein.

Eins haben Ankläger wie Verteidiger dieser Zeitströmungen gemeinsam: Bei allen großen Modernisierungsschüben der Neuzeit wurde als geheime Übereinkunft vorausgesetzt, daß irgendeine Instanz stillschweigend zuständig sei für die Reparatur menschlicher Zivilisationsschäden und die kostenlose Reproduktion notwendiger Werte und Tugenden. Daß es solche unerklärten Zuständigkeiten gab, das setzte die kapitalistische Gesellschaft in gleicher Weise voraus wie die sozialistische.

Und tatsächlich: Auf wundersame Weise ragen allerlei vorkapitalistische und vorsozialistische ethische Traditionen wie archaische Fundamente in die modernen Industriegesellschaften hinein, ein antiquarischer Restbestand, der erst auffiel, als er bereits zerbröselte. Zwar waren diese »Werte« selbst ein Stück Kultur und Kulturprodukt, wurden aber meist achtlos als natürliche Grundausstattung sozialer Gefüge angesehen, ohne daß man sich ihrer besonders bewußt gewesen wäre.

So setzt die moderne Arbeitswelt mit ihrem individualisierten Lohn-Leistungs-Gefüge selbstverständlich voraus, daß daneben noch Familien existieren, zuständig für alle Glücks- und Krisenfälle des privaten Lebens, in denen die Frauen etwas sehr Nützliches für die Gesellschaft freiwillig tun, das weder in Lohn noch in Leistung anerkannt wird. So erwartet die moderne chemisch-technische Agroindustrie, daß es neben den betriebswirtschaftlichen Überfliegern, die jederzeit in der Lage sind, dem Boden chemiegestützte Spitzenernten und den Tieren fragwürdige Spitzenleistungen abzuringen, selbstverständlich noch andere Bauern gibt, die in härtester Arbeit und bei geringem Verdienst die Bodenfruchtbarkeit und das

Grundwasser erhalten, Arten schützen, natürliches Saatgut überliefern, Landschaften gestalten und das Vertrauen der Verbraucher dauerhaft gewinnen. So hofft der reiche Norden auf die Überlebensvernunft und die religiösen Restbestände des armen Südens. So setzen – nach einer berühmten Beobachtung des Verfassungsrichters Boeckenförde – auch die westlichen Demokratien die Fortexistenz von Werten und moralischen Leitbildern zum Nulltarif voraus, ohne daß sie selbst eine Idee hätten, wie solche Haltungen wieder herzustellen oder am Leben zu erhalten sind.

All diese Beispiele zeigen Momente eines Generationenvertrages unter ausbeuterischen Bedingungen. Die Gegenwart beutet die Vergangenheit aus, das ist klassische Erbfolgeregel. Wen aber sollen zukünftige Generationen ausbeuten, wenn die Gegenwart nicht viel mehr hinterläßt als die Erinnerung an einen alles verschlingenden Konsumrausch, an eine Zeit, in der die Menschheit auf merkwürdige Weise ihre Zukunft selbst überwältigte?

Auch Werte haben also mit der Zähmung von Gewalt zu tun, sie sind eine Form der gesellschaftlichen Selbstbindung. Wie entstehen solche Werte? Am überzeugendsten ist die Definition: Werte sind kollektive Überlebensregeln. Damit es dazu kommt, muß es einen bestimmten Vorrat an gemeinsamer sozialer Erfahrung geben, meist ist es die Überwindung einer konkreten Notlage; und es muß eine kulturelle Instanz geben, die die Autorität besitzt, daraus Regeln für das »vernünftige« Verhalten aller zu entwickeln. So ist die Tugend der »Gastfreundschaft« aus der Notlage der Nomadenexistenz geboren, der Wert »Solidarität« aus den sozialen Kämpfen und Milieus der Arbeiterbewegung, die »Toleranz« aus der Erfahrung der Glaubenskriege und der Verfolgung von Andersdenkenden, die »Freiheit« aus den Befreiungskämpfen der Bürger aus feudaler Unterdrückung.

Werte entstehen also aus der Situation erfolgreich überstandener sozialer Krisen, sie sind die verdichtete Erinnerung an diese Krise – und an das Sozialverhalten, das diese Krise löste. Zusammen bildet dies die Basis, auf der die konkrete Gesetzgebung des Gemeinwesens dann aufbauen kann.

Der Verfall von Werten aber, der so viel beklagt wird, kann folglich zweierlei bedeuten: Er kann ein kollektives Vergessen dieser Überlebensregeln signalisieren, weil die Gegenwartsgesellschaft sich zu sicher fühlt und auch keine Instanz mehr kennt, die solche Traditionen hütet und bewacht; oder aber er ist ein Hinweis darauf, daß die alten Überlebensregeln für die neuen Krisenerfahrungen, für die neuen Gewaltsituationen nicht mehr taugen. Der derzeitige Werteverfall in allen hochentwickelten Industrienationen hat von beidem etwas.

Zur Erinnerung: Seit der Antike kannte der europäische Kulturkreis zwei große kreative Epochen der Wertschöpfung, der kulturellen Bändigung von Gewalt durch neue soziale Überlebensregeln: Die erste Epoche, die mythisch-religiöse, beginnt mit dem Untergang des römischen Reiches und endet im 16./17. Jahrhundert in den chaotischen Wirren der Nachreformation und der Religionskriege. Sie hat im Zentrum die charismatisch-kultische Bannung der Gewalt am Ort des Heiligen, die Religionslehren und die Autorität des kirchlichen Lehramtes. Die zweite Epoche, die aufgeklärt-säkulare, beginnt mit dem Absolutismus, schafft den modernen Staat und endet mit dessen tiefgreifender Delegitimation durch die totalitären Regimes, besonders den Nationalsozialismus und den Stalinismus. Im Zentrum dieser zweiten Epoche stand die Ausbildung des staatlichen Gewaltmonopols und seiner Organe, der Rechtsstaat und die Teilung der Gewalten, die demokratische Verfassung und die Proklamation der Bürger- und Menschenrechte.

Die entscheidende Frage der Gegenwart ist, ob es noch einmal eine neue Epoche sozialer Kreativität in Europa geben wird, welche die derzeitige neue Krisenerfahrung mit neuen oder wiederentdeckten alten Überlebensregeln zu beantworten versteht. Im Umgang mit der Gewalt geht es also um die *dritte* Phase der Zivilisation.

Wer könnte der neue Träger einer solchen sozialen Kreativität sein? Typisch für das heutige Europa ist ja gerade, daß sich keine gesellschaftliche Schicht ausmachen läßt, die sich zu solchen kulturellen Pionierleistungen berufen fühlt – so wie dies einstmals die ersten Christengemeinden im römischen Reich getan hatten, im Mittelalter die Mönche, Schwärmer und Ordensgründer, danach das aufgeklärte Bürgertum, die Humanisten und die Gebildeten unter den Fürsten, zuletzt die intellektuelle Avantgarde der Arbeiterklasse und der Massenbewegungen. Sie alle hatten sich jeweils eine Zeitlang als Suchende, Rebellen und Propheten von ihren Gesellschaften entfernt, um dann um so intensiver an deren kultureller Erneuerung, sozialer Revolution und der Ausbildung von zeitgemäßen Werten zu arbeiten. Nichts davon zeigt sich am Ende des zwanzigsten Jahrhunderts.

Das soziale Chaos, das die Situation nach dem Ende des Kalten Krieges prägt, ist bestimmt vom unberechenbaren Verhalten breiter sozialer Schichten. Die alten Eliten aber sind wie weggetaucht. Im Westen sind sie müde und desorientiert, im Osten sind sie so tiefgreifend delegitimiert durch ihre Verschmelzung mit den Machtapparaten der sozialistischen Bürokratien, daß sie vollauf mit ihren je individuellen Überlebenstaktiken beschäftigt sind. Norbert Elias hatte in seinem Entwurf zu einer Theorie der Zivilisation gerade das Vorhandensein einer Elite, eines kulturell dominierenden Zentrums, als Voraussetzung dafür genannt, daß in einem Land überhaupt die schmerzhaften und schwierigen Prozesse der Zivilisation gelingen können. »Schichten, die in dauernder Gefahr des Verhungerns oder auch nur in äußerster Beschränkung, in Not und Elend leben, können sich nicht zivilisiert verhalten. Zur Züchtung und zur Instandhaltung einer stabileren Über-Ich-Apparatur bedurfte und bedarf es eines relativ gehobenen Lebensstandards und eines ziemlich hohen Maßes von Sekurität.«

Gibt es solche Eliten oder Oberschichten, so erfüllen diese, meist schon aus Eigeninteresse, die Aufgabe der Herstellung von zivilisa-

torischen Verhaltensregeln. Damit binden und domestizieren sie sich selbst, daran orientieren sich bald aber auch alle anderen Schichten. »Die Ich- und Über-Ich-Bildung dieser Menschen ist sowohl bestimmt durch den Konkurrenzdruck, durch die Ausscheidungskämpfe innerhalb der eigenen Schicht, wie durch den beständigen Auftrieb von unten, den die fortschreitende Funktionsteilung in immer neuen Formen produziert.«[40] Zivilisationsarbeit ist also – mit einem altmodischen Begriff bezeichnet – so etwas wie Mission, das Wahrnehmen eines Auftrags nach innen wie nach außen. Das hatte immer auch problematische Begleiterscheinungen, wie die Geschichte zeigt: »Es ist nicht wenig bezeichnend für den Aufbau der abendländischen Gesellschaft, daß die Parole ihrer Kolonisationsbewegungen ›Zivilisation‹ heißt.«[41]
Diese Phase ist gründlich vorbei, und man könnte sich ohne Trauer von ihr verabschieden. Das fortschrittliche, weltbeglückende Zivilisationsmodell der abendländischen Kultur ist nach der Epoche der totalitären Gewaltexzesse vollständig ruiniert.
Was aber passiert, wenn sich damit zugleich auch das Projekt der Ausbildung von Überlebensregeln für die inneren Krisen einer Gesellschaft verabschiedet? Seit 1989 befindet sich Europa ohne jeden Zweifel in einer solchen Krisensituation, schon vorher erfüllte es weitgehend den Typ einer Risikogesellschaft. Trotzdem finden sich keine Eliten mehr, die sich solche zivilisatorischen Aufgaben überhaupt zutrauen würden.
Wenn Gattungsfragen auf Dauer durch Gegenwartsinteressen verdrängt werden, schreit das geradezu nach Eliten im Dissens und in der Revolte, nach einer neuen zivilisatorischen Anstrengung. Wenn aber nichts geschieht und niemand protestiert, steht es nicht gut um die soziale Kreativität und die Überlebenstauglichkeit einer Gesellschaft. Die Akteure der dritten Phase der Zivilisation – überlebensklug, verzichterfahren, verantwortlich fürs Ganze und dazu noch zukunftskreativ – sind noch nicht auf der europäischen Bühne erschienen.

Flucht aus dem Frieden –
Die Zerstörung der bürgerlichen Kultur

Seit den Tagen, in denen die alte Weltordnung mit atemberaubender Geschwindigkeit in sich zusammenbrach, mußte man Angst haben, daß der Krieg nach Europa zurückkommt. Denn nie, wenn ein politisches System zusammenbricht, ist sicher, was schneller eintrifft: das hoffnungsvoll Neue oder das hoffnungslos Alte. In Zeiten großer Umwälzungen liegt der Rückfall in den Bürgerkrieg immer nahe, denn der Krieg entsteht nicht nur aus den Interessengegensätzen der Regierungen, aus den konkurrierenden Ambitionen der Wirtschaftsmächte und dem Ehrgeiz der militärischen Führungen, er entsteht auch aus den Fieberschüben, Ängsten und Erregungen der Völker.
Wie das aussieht, läßt sich an den Stimmungen in den Vorkriegszeiten dieses Jahrhunderts nachvollziehen, die alle auch von Selbstzerstörungsprozessen des Bürgertums geprägt waren. Was sich da zusammenbraut, können die Dichter oft suggestiver beschreiben als die Historiker. So bildet diese Geneigtheit zum kollektiven Gewaltausbruch, diese Krankheit zum Tode einer ganzen bürgerlichen Gesellschaft auch das Thema zweier großer Romane über die Vorgeschichte des Ersten Weltkriegs. Thomas Mann schildert im »Zauberberg«, wie sich sein kränkelnder Held, Hans Castorp, nach siebenjährigem Aufenthalt in der dünnen Luft des Sanatoriums mit großer Begeisterung ins Schlachtgetümmel der ersten euphorischen Kriegstage stürzt. Da wird der Ausbruch des Krieges für die jeunesse dorée des Jahrhundertbeginns als Befreiung von unerträglichen Lasten und inneren Zwängen verstanden. Nach den Exzessen der narzistischen Selbstbespiegelung, nach den Jahren der feinen Tischgesellschaften, literarischen Spaziergängen und humanistischen Plaudereien unter soviel zartbesaiteten und schwächlichen Seelen stürzt sich Hans Castorp mit Hurra in die

dumpfen und erdennahen Abenteuer schlichter Männergesellschaften – da fühlt er sich angekommen, lebenstüchtig und gesund. Auch Robert Musil läßt Ulrich, den »Mann ohne Eigenschaften«, nach einer Phase mystischer Sehnsüchte und subtiler Experimente mit allerlei schmerzhaften »anderen Zuständen« äußerst erleichtert in die klare Ordnung der Kriegs- und Männerwelten einmünden. Zuvor war Ulrich gemeinsam mit seiner Schwester Agathe aus der künstlichen Welt der gesellschaftlichen Konventionen und Salons geflohen, um eine Inzestliebe äußerster Intensität und symbiotischer Dichte zu erleben. Beide finden nicht mehr zurück, verlieren sich selbst und die mystische Einheit mit der Welt. Aus Verzweiflung darüber, daß sich dieser ekstatische Zustand nicht ins Leben retten läßt, entdeckt Ulrich den Ausweg, den Krieg. Musil hat diesen Schlußteil über den Krieg als Lösung der inneren Spannungen einer ganzen Epoche nicht beendet. In seinen Skizzen dazu notiert er:

»Ulrich: Krieg ist das gleiche wie ›anderer Zustand‹; aber (lebensfähig) gemischt mit dem Bösen ... Krieg als: Wie ein großes Ereignis entsteht. Alle Linien münden in Krieg. Jeder begrüßt ihn auf seine Weise. Das religiöse Element im Kriegsausbruch. Tat, Gefühl und ›anderer Zustand‹ fallen in eins ... Krieg entsteht (wie Verbrechen) aus all dem, was die Menschen sonst in kleinen Unregelmäßigkeiten abströmen lassen ... Der Krieg ist der alte Gegner des kontemplativen Zustands ... Etwas wie ein religiöses Grauen ... Tiefste Feindschaft gegen all diese Menschen; dabei läuft man mit herum und möchte den nächsten besten umarmen. Der Einzelwille versinkt, eine neue Zeit multipolarer Beziehungen taucht vor dem geistigen Auge auf. Ulrich sieht, was ein faszinierender Moment ist, der zwischen ihm und Agathe nie ganz zustande kam. Letzte Zuflucht Sexualität und Krieg: Aber Sexualität dauert eine Nacht, der Krieg immerhin wahrscheinlich einen Monat ... Irgendwie, weil man kein Vertrauen in die Kultur hatte, Flucht aus dem Frieden ...«[42]

»Irgendwie, weil man kein Vertrauen in die Kultur hatte, Flucht aus dem Frieden ...«, so erklärt sich Musil den Kriegsausbruch als Ergebnis einer kulturellen Leere, die wiederum einem Zustand intellektueller und seelischer Überanstrengung folgt. Ist die Kultur hier nicht überfordert, wenn man ihr sogar die Fähigkeit zutraut, Kriege zu verhindern oder mitauszulösen? Und ist es erlaubt und überhaupt möglich, ganze Kollektive so zu psychologisieren? Kann man die Beobachtungen der Abläufe individueller psychischer Krisen auf ganze Völker und Epochen übertragen?
Genau genommen beschreibt Musil in seinem Roman nichts anderes als die in vielfachen Beobachtungen immer wieder variierte Grundthese dieses Buches: Gewaltbändigung ist eine Kulturleistung, Gewaltbändigung ist der Kern der menschlichen Zivilisation. Wenn die traditionellen kulturellen Bindungen zu schwach werden, wenn die Riten und Religionen versagen, wenn die aufgeklärte Doktrin des staatlichen Gewaltmonopols keine Jünger mehr findet, wenn die ordnungsstiftenden Institutionen zerfallen, dann erfaßt die Gesellschaften eine gefährliche gewalthaltige Grundströmung, die ein Ventil zur Entladung sucht – die soziale Explosion, der Krieg aller gegen alle. Auf der Ebene der Völkergemeinschaft ist das der Weltkrieg, auf der Ebene eines Staates oder eines zusammenhängenden Gebietes ist das der Bürgerkrieg, die ungezähmte Erlaubnis, ja die offene Ermutigung zur Gewaltanwendung ohne Regel und Plan.
Weltkrieg und Bürgerkrieg prägen das Europa des zwanzigsten Jahrhunderts. Diese Fluchten aus dem Frieden zeigen eine besorgniserregende Schwächung einer europäischen Kultur, die keine Mittel mehr kennt, die Gewalt zu binden. Die Chronik Europas reiht seit der Jahrhundertwende ein Unheil ans andere: Erster Weltkrieg, Bürgerkrieg in Rußland, Vernichtung der Armenier durch die Türken, Bürgerkrieg in Irland, Bauernaufstände in Rumänien, Bürgerkrieg in Spanien, Judenpogrome in ganz Osteuropa, Stalinsche Säuberungen mit Millionen Opfern, Bürgerkrieg auf dem

Balkan, Zweiter Weltkrieg, der Holocaust, die Vernichtung der europäischen Juden durch die Deutschen.

Der Kalte Krieg hatte seine eigene, durchaus wirksame Methode, mit den Mitteln der totalen Abschreckung und der dualen militärischen Logik eine Zeitspanne lang Gewalt und Gewaltausbrüche zu unterbinden. Nach dem Ende der großen Blockkonfrontation aber erleichterten zwei Defizite die Rückkehr zur offenen archaischen Gewalt: Das neue, nun ungeteilte Europa hatte keine einheitliche europäische Armee, um lokale Konflikte zu unterbinden, und es besaß keine kulturprägende Schicht, keine zivilisatorische Leitgruppe mit genügend Kreativität und Akzeptanz, um neue Formen der Gewalteindämmung zu finden und gesellschaftlich durchzusetzen. Die Europäer besaßen auch keinerlei Erfahrung darin, einen ganzen Kontinent ohne Gewalt und Opfermythos neu zu konstituieren.

Die Ursachen für diese Schwäche lagen schon in der Gründungszeit des vereinten Europa. Daß die westlichen Einigungsbestrebungen und die Römischen Verträge ausgerechnet mit der gemeinsamen Agrarpolitik begannen – also mit dem Wirtschaftsbereich, der am meisten regionalen Besonderheiten folgt und am längsten Vielfalt und kulturelle Differenz ertragen hätte – und nicht mit den Bestrebungen zum Aufbau einer einheitlichen europäischen Armee, wird sich vermutlich später einmal als der größte Webfehler der europäischen Einigung und als das größte Versäumnis der europäischen Staatsmänner in der Zeit der großen Wende herausstellen.

Insbesondere in den jungen Staaten des ehemaligen Warschauer Paktes und auf dem Balkan machte sich nach 1989 das Fehlen einer übergeordneten einheitlichen Organisation des Gewaltmonopols schmerzlich bemerkbar, die befugt gewesen wäre, im Namen des ganzen Europas die Gewalt einzudämmen und die Ordnung wieder herzustellen. Das europäische Haus, das Michail Gorbatschow einmal ausgerufen hatte und in das die friedlichen Revolutionen hinein wollten, besaß keinen inneren Bauplan; das nunmehr ungetrennte Europa hatte keine wirksame Instanz der gemeinsamen Sicherheit. Die NATO umfaßte zwar die westliche Staatengemeinschaft unter einem gemeinsamen Oberbefehl von Fall zu Fall, aber schon im Fall des Krieges im ehemaligen Jugoslawien war sie nicht zu gemeinsamen Strategien fähig.

Der gemeinsame Oberbefehl des Warschauer Paktes löste sich derweil auf, die Armeen ebenfalls, wenn sie nicht zu Einzelarmeen der nunmehr souveränen Staaten umgewandelt wurden. Aber für die Eindämmung innergesellschaftlicher oder zwischenstaatlicher Gewalt war in ganz Europa niemand zuständig. Dabei gab es eine ganze Menge Grenzen zwischen den neuen Nationalstaaten neu zu ziehen, festzulegen und abzusichern. Wenn Grenzen gezogen werden, ohne daß eine staatliche Instanz in der Lage ist, sie mit Armeen zu sichern, tritt genau jener Zustand ein, der Gewalt geradezu provoziert, die Zeit der Anarchie, der Rivalität, der konkurrierenden Überlebensängste, in denen das Recht des Stärkeren herrscht.

Und wieder gilt: Eine einheitliche europäische Armee würde weniger fehlen, wenn es eine einheitliche europäische Kultur und ein europäisches Bürgertum gäbe, das sich die Fähigkeit erhalten hätte, Gewalt auch ohne Waffen zivilisatorisch zu binden. Nichts anderes nämlich ist mit jener tragenden kulturellen Schicht in der Mitte der Gesellschaften gemeint, die, nach Elias, aus sich heraus in der Lage ist, Normen des sozialen Zusammenlebens zu entwickeln und verbindlich durchzusetzen.

Als die Völker Europas nach dem Ende des magischen Zeitalters kühn genug waren, mit der Aufklärung allein, ohne Religion, Riten, Kulte, die innergesellschaftlichen Verhältnisse unter den Menschen regeln zu wollen, bauten sie vor allem auf diese bürgerliche Kultur und das sie tragende soziale Gefüge. Diese Bürger oder Citoyens hatten gelernt, Gemeinwesen mit Vernunft und Verträgen zu ordnen, dafür auch persönlich zu haften, Einzelinteresse und kollektive Sicherheiten miteinander zu verknüpfen und mit einem klug abgestimmten System von Erziehung und Strafandrohung das Sozialverhalten so zu reglementieren, daß es größtmögliche Freiheit mit weitgehender Berechenbarkeit verband. Mit einem Wort: Sie verstanden sich auf eine allgemeinverbindliche bürgerliche Zivilisation.

Was Thomas Mann und Robert Musil in ihren Romanen beschreiben, ist der Prozeß der Zerstörung dieses selbstbewußten europäischen Bürgertums und seiner Zivilisation. Diese Zerstörung kündigte sich spätestens seit der Jahrhundertwende an. Sie trug Züge einer Selbstzerstörung, einer Epoche verdüsterter Seelen, noch bevor zwei totalitäre Ideologien, der Nationalsozialismus und der Bolschewismus, ganz bewußt den Kampf gegen die bürgerlichen »Elemente«, die bürgerliche »Klasse« und die »bourgeoise Hochkultur« – und damit gegen die Demokratie – auf ihre Fahnen schrieben.

Es hat sich schlecht verteidigt, das europäische Bürgertum – was nicht zuletzt auch daran deutlich wurde, wie wenig es das jüdische Bürgertum verteidigte, das längst zum Zentrum der bürgerlichen Kultur in Europa gehörte, in Frankfurt wie in Berlin, in Prag wie in Budapest und Paris. Zu spät erst begriffen die bürgerlichen Schichten Europas, daß der Angriff der Nationalsozialisten auf die europäischen Juden zwar zum einen Teil rassistisch begründet wurde, zum anderen aber aus einem *antibürgerlichen* kulturellen Ressentiment gespeist war, das eines Tages auch auf sie selbst, ihre Kultur und ihren Besitz, zielen würde.

Im antibürgerlichen Ressentiment, im kleinbürgerlichen Populismus und im Zerstörungswillen gegen alle bürgerlichen Eliten und ihre zivilisatorischen Normen hat der Bolschewismus den Nationalsozialismus fast noch übertroffen. Diese antibürgerliche Tendenz war schon in den Lehren der bürgerlichen Gründungsväter, Marx und Engels, enthalten und trug gelegentlich zwanghafte Züge von intellektuellem Selbsthaß.

Aber auch die sozialistischen Staaten konnten nicht dem Gesetz entgehen, daß komplexe, hochentwickelte Staatswesen Funktionseliten und kulturell tragende Schichten benötigen, auf deren Existenz und Leistungsbewußtsein sie zählen können. Diese »staatstragende« Funktion des Bürgertums übernahm in allen sozialistischen Staaten die Bürokratie, was in der Regel gleichbedeutend war mit Parteifunktionären. Die Bürokratie versteht sich auf viele klassische Funktionen des Bürgertums: Sie plant, organisiert, verwaltet, wirtschaftet, sammelt Privilegien und individuellen Wohlstand, ist technisch innovativ, gestaltet Erziehung und Wissenschaften und befehligt Soldaten.

Nur Kultur und Kunst wollen unter Staatsbürokratien einfach nicht blühen, keine Meinungs- und Pressevielfalt gewinnt dem »Reich der Freiheit« neue Bürgerinnen, Andersdenkende werden schnell zu antagonistischen Staatsfeinden erklärt.

Wenn allerdings die »Republik« dieser Bürokraten und Populisten in Gefahr gerät, dann erweist sich die eigentliche Schwäche dieser Funktionseliten. Sie wissen letztlich nicht, was sie verteidigen sollen und finden sich ohne eine feste Befehl-Gehorsam-Struktur nicht zurecht. Ihre hohe Anpassungsbereitschaft signalisiert Kollaboration mit der neuen Macht, egal um wen es sich handelt. Politische Macht aber neu und demokratisch zu legitimieren, Gewalt in Krisenzeiten kulturell zu bändigen, Reformen zu initiieren und neue Ordnungen kreativ zu gestalten, liegt außerhalb ihrer Kompetenz.

Staaten aber, die in Krisenzeiten nicht auf eine intakte bürgerliche Kultur und eine zivilisationsfähige Schicht zurückgreifen können, die sich für das Gemeinwesen zuständig fühlt, segeln dichter am Krieg. Ihre Prognosen für den wirtschaftlichen Wiederaufbau sind so ungünstig wie für den politisch-kulturellen. Das macht einen Teil der Probleme der neuen osteuropäischen Demokratien aus.

Die neuen Pogrome – oder:
zur Psychoanalyse kollektiver Hysterien

Ideologien sind nicht reine Kopfgeburten und Kunstprodukte. Es ist etwas Klärendes in den Ideologien, sie verteilen das Böse übersichtlich in der vorhandenen Welt und geben ihm einen Namen. Jedes politische Lager diesseits und jenseits des Eisernen Vorhangs hatte dieses Böse bis 1989 fest im Blick und notfalls auch im Griff. Der ideologische Feind war Grund der je eigenen Weltverortung und verlieh eine Existenzberechtigung als unverzichtbarer Teil eines Lagers, eines größeren Ganzen. Gut-Sein, Richtig-Sein war möglich, man konnte dazugehören. Auch Dissidenz war möglich, man mußte nur für die andere Seite Partei ergreifen. Dieser ideologische Standpunkt markiert heute keinen Sinn mehr. Er vermittelt keine Orientierung in der realexistierenden Welt, weil diese sich nicht länger in zwei Blöcken oder Mächten abbildet. Die Bilder der neuen Weltenordnung aber sind unscharf. Die Unendlichkeit des Unübersichtlichen steigert die Einsamkeit. Das »Reich des Bösen«, das ein amerikanischer Präsident einst jagen wollte, verfällt zu Staub, wie Vampire, die im Licht der Sonne verschwinden. Dennoch: Das Böse existiert. Es ist wirklich, aber es ist nicht mehr lokalisierbar. Das ist beunruhigend und verunsichernd. Was sich jetzt austobt, ist Sinnsuche, wild um sich schlagende Nicht-Identität, ein formloser Seelenstoff, der genauso explosiv ist wie die Ideologien.

Die Suche nach den Sündenböcken ist universal. Das tägliche Opfern von Sündenböcken auch. Die neuen Pogrome liegen in der Luft. Die neue Ersatzformel für ein gefürchtetes Böses ist: der islamische Fundamentalismus. Darüber kann der neue Historikerstreit entstehen: Wer begann wann den dritten Weltkrieg? Wer kam wem zuvor? Derweil werden in Bosnien, mitten in Europa, die letzten europäischen Muslime vernichtet. Die Muslime aber, die heute in den großen Slums der europäischen Metropolen leben und das alles mit ansehen, sie werden schon als Outlaws geboren, sie werden ihrer Identität nach keine *europäischen* Muslime mehr sein. Wenn nach der Vernichtung der Juden auch noch die Muslime vertrieben werden, gibt es in Europa keine wirklich multikulturelle Stadt mehr.

Große Frage: Nimmt die Gewalt eigentlich zu oder ab, jetzt, da die ideologischen Waffen des Kalten Krieges schweigen? Sinnlose Frage! Solange die Menschen den Eindruck haben, die Gewalt nimmt zu, solange nimmt die Gewalt zu. Ein selbstsuggestiver, ein magischer Prozeß, den niemand willentlich stoppen kann.

Gewalt erzeugt Gewalt. Was aber entwaffnete die Großinquisitoren, Schlächter und Diktatoren? Was beendete die Gladiatorenkämpfe? Was löschte die Feuer der Hexenverbrennungen? Was ächtete die Lynchjustiz? Was beendete die deutsch-französische Erbfeindschaft? Was überwand die Apartheid? Was stoppt die Pogrome?

Das Pogrom ist die schwarze Messe der Zivilisation. Die Gewalttäter glauben ja nicht wirklich, daß die, die sie zu Sündenböcken erkoren haben, schuld sind. Jedenfalls glauben sie es nicht außerhalb des dunklen Rausches des Tötens und Opferns. Aber sie erfahren eine Entlastung, der Sündenbock gibt dem unfaßbaren Bösen für einen Moment ein Bild, ein Gesicht, und versammelt so alle Aggressionen auf sich. Ein Entsorgungsproblem eigener Art, das der Sündenbock zu lösen hilft. Darin liegt die innere, mühsam dem Bewußtsein verborgene Zustimmung der Gewalttäter zur Produktion von immer neuen Sündenböcken. Das Pogrom ist der große hysterische Anfall einer überhitzten Gesellschaft, der ein stabiles Feindbild abhanden kam.

Der große hysterische Anfall, ein gängiges Krankheitsbild im ausgehenden 19. Jahrhundert, verschwand schlagartig aus den Arztpraxen, als Sigmund Freud ihn als verschlüsselten und verdrängten sexuellen Akt, als fehlgeleitete libidinöse Energie deutete.

Hysterie mit dem erhellten Blick in ihre sexuellen Wurzeln war nicht mehr akzeptabel. Es gibt Krankheiten der Seele, die überstehen ihre Entschlüsselung nicht. Man muß also das Zentrum der Sündenbockproduktion finden, die fehlgeleitete Energie, die Kränkung, die jede Barbarisierung legitimiert. Ist es das Allmachts- und Überlegenheitsversprechen der westlichen Zivilisation, das enttäuschte Glücksversprechen, das zur Entladung drängt?
Die große Falle dieses sozialtherapeutischen Blicks auf die gewalttätigen Milieus, die die Pogrome entfachen, ist das heimliche Einverständnis mit dem Täter als Opfer. Hat etwa jeder Anspruch auf gewalttätige Explosionen, der seine Omnipotenzphantasien nicht erfüllt sieht? Erziehung und Aufklärung können einiges, wie aber der kalte, analytische Blick aussehen könnte, der diese Glücksversprechen selbst als Urbetrug der westlichen Welt entschlüsselt und damit gleichzeitig wirkungsvoll entmachtet, das läßt sich nur ahnen. Gibt es überhaupt eine Aussicht auf Heilung in einer Gesellschaft der explodierenden, gierigen, einsamen Monaden?
Die erste Phase der Zivilisation, die mythische, band Angst und Aggressivität des Menschen durch Mythos, Kult, Religion und einen großen Himmel über der Erde. Die zweite, die Phase der Aufklärung, nahm dem Menschen mittels staatlicher Macht und Institutionen das Messer aus der Hand und stellte ihn durch Gesellschaftskonsens in eine überschaubare Welt vernunftgeleiteter Ordnungen und Regeln. Die dritte Epoche der Zivilisation, die planetarische, muß sich auf die Fähigkeit verstehen, die unendlichen mimetischen Konflikte einer Gesellschaft der Überbevölkerung, der ökologischen Risiken und des Ressourcenmangels zu zähmen und gleichzeitig den Menschen zur Neuankunft in einer sie freundlich umgebenden Welt zu verhelfen. Das wäre – und zwar zu gleichen Teilen – die Kunst der Bombenentschärfer wie die der Hebammen.
Wann wird das sein und wann können sich potentielle Opfer von Pogromen je sicher fühlen? Ein merkwürdiges Phänomen ist im

Umfeld von Gewalttaten festzustellen, bei terroristischen Anschlägen wie bei Rassenpogromen, bei Folterungen wie bei familiärer Gewalt gegen Frauen und Kinder. Die Opfer haben immer ein intensives Interesse an den Tätern und ihren Motiven, sie beschäftigen sich oft ein ganzes Leben lang damit. Es ist eine Form der Verarbeitung der erfahrenen traumatischen Verletzung. Sie suchen nach begreifbaren Gründen für das Unfaßbare, das ihnen geschah. Sie wollen wissen, ob es sich wiederholen kann.

Die Täter dagegen haben die Opfer ihrer Gewalt und Aggression meist völlig aus ihrem Bewußtsein abgespalten. So vernichten oder dämonisieren sie diese zum zweiten Mal. Die Verfolger, die Schlächter des Pogroms, können nie an den endgültigen Tod des Opfers glauben, gegen das sie sich zusammenschließen und von dem sie sich weiter »verfolgt« und gedemütigt fühlen. Das Bekenntnis des ewigen Lebens, der Auferstehung, der Heiligsprechung des Opfers ist deswegen meist kein Eingeständnis von Schuld und schon gar kein Ursacheninteresse an den Gründen der eigenen Gewalt, es sind Verfolgungsphänomene.

Es gibt Warnsignale. Es gibt sichere Vorzeichen kommender Pogrome in einer Gesellschaft aufgeladener innerer Spannungen und explosiver Energien, die die Öffentlichkeit nur zu deuten verstehen müßte. Es gibt einen Code von gestaffelten Vorahnungen, wie eine Aura vor dem epileptischen Anfall. Alle Vorereignisse richten sich gegen Einzelne, Gruppen oder Minderheiten, die eine Differenz, eine Besonderheit aufweisen. Solche Vorboten kommenden Unheils sind:

- Attentate auf Könige, führende Politiker, gesellschaftliche Autoritäten, Künstler, Medienstars.
- Wachsende Übergriffe auf Hilflose, Behinderte, Obdachlose, Kinder.
- Häufung von Sexualverbrechen, Vergewaltigungen und ein fiebriges Interesse der Öffentlichkeit daran.
- Schändungen religiöser Symbole und Kultstätten.

Der Kundige kann diese Vorzeichen deuten, der Besorgte kann fliehen, der Politiker muß sie kennen, um Sicherungsmaßnahmen einzuleiten. Ein Verbrecher aber ist, wer solche Stimmungen in solchen Zeiten populistisch anheizt. Populismus ist derzeit die beliebteste Methode, um zu schnellem politischen Erfolg zu kommen.

Die Intellektuellen und die Gewalt – oder: das Ende eines Selbstexperiments und des Exils

Als Hans Magnus Enzensberger den jugoslawischen Bürgerkrieg zu erfassen suchte, da reiste er nicht »an die Front« und auch nicht zum Hauptquartier der Herren Karadzic und Milosevic. Er reiste ins Hinterland, er beobachtete die Leute auf der Straße, die Langsamkeit ihrer Bewegungen, das Müde in ihren Blicken, das kärgliche Angebot auf den Märkten. Und er redete mit Intellektuellen. Im Hinterland, so meinte er, spürt man besser, wie lange der Krieg noch dauern kann, welche Kraftreserven er noch hat, wieviel Selbstopferung und Selbstzerstörung er noch zu mobilisieren versteht. Dort läßt sich ermessen, wie weit die Arbeit des ideologischen Bombenentschärfens gediehen ist. Dort läßt sich erahnen, ob die Eliten des Landes noch den Wahn der Machthaber stützen oder ob sie schon dazu übergehen, die Zustimmung zum Krieg zu unterhöhlen.[43]

Der Krieg wird im Hinterland vorbereitet, der Krieg wird in der Etappe entschieden, der Krieg wird auch in der Heimat verloren. Das gilt für die technisch-organisatorische Seite des Krieges, das gilt aber auch für die moralisch-politische. In beiden Bereichen spielen Intellektuelle eine entscheidende Rolle. Zur Fortsetzung des Krieges sind sie unersetzlich als Organisatoren, Techniker, Erfinder, Atomphysiker, unverzichtbar auch als Propagandisten, Kriegsberichterstatter, Ideologen, Funktionäre. Für die kriegsführende Partei und ihre Legitimation aber sind sie bedrohlich in ihrer Rolle als Dissidenten und Deserteure, als Kritiker im Apparat, als unbestechliche Journalisten, als demokratische Opposition. Wie weit eine herrschende Ideologie noch trägt, das zeigt sich eher in der Provinz als im Zentrum, eher an den Universitäten als dicht am Machtpol. Deshalb haben die Diktatoren immer darauf gezielt, die Intellektuellen an sich zu binden, sie für die eigenen Ziele zu benutzen bis zur Korruption – oder aber sie wirksam auszuschalten. Alle Geheimdienste der Welt interessieren sich zunächst einmal für die Waffenarsenale und Technologien auf der gegnerischen Seite, dann aber sofort für die Hegemonie in den meinungsführenden Schichten. Im Inneren diktatorischer Regimes widmen sich die Staatssicherheitsdienste und die Zensur der Kontrolle und Einschüchterung der Intellektuellen. Wie die STASI-Akten belegen, geht dies von sanfter Verführung und Bestechung bis zu Zersetzungsmaßnahmen, Psychiatrisierung und nackter Liquidation.

Das Jahrhundert der großen Umwälzungen, der Revolutionen und Konterrevolutionen ließe sich auch beschreiben als Jahrhundert eines einzigen großen intellektuellen Selbstexperiments. Wie weit sich Intellektuelle von den überlieferten Traditionen und zivilisatorischen Codes entfernen können, was Intellektuelle vermögen im Umsturz aller Werte und Verhältnisse, nie wurde es eindrucksvoller belegt. Eine vergleichbare Revolte ließe sich allenfalls aus der Zeit der Reformation belegen, mit ihren aufsässigen ketzerischen Theologen und ihren radikalen Humanisten auf den philosophischen Lehrstühlen. Oder aus der Vorphase der Französischen Revolution, als die königlichen Sicherheitsbeamten fieberhaft ganze Bibliotheken mit aufrührerischen Reden der französischen Intelligentia vollschrieben, jener Schicht des gebildeten Bürgertums, der bereits Salons, Zeitungen und Flugschriften (libelli) zur Verbreitung ihrer umstürzlerischen Ideen zur Verfügung standen.

Der Intellektuelle braucht die Zeitung und die agora, einen offenen Platz des Meinungsaustausches und des Meinungsstreits. Der Ursprungsort der Intellektuellen ist nicht der Elfenbeinturm, sondern die Universität. Die Universität ist mehr als nur eine Schule für Erwachsene. Schulen haben den staatlich gebundenen Auftrag, die nachwachsende Generation auf den aktuell geforderten Stand an technologischem Wissen und Sozialverhalten zu bringen, sie sind gegenwartsbezogene Lehr- und Übungsstätten der Zivilisation.

Universitäten dagegen haben eine Aufgabe, die über die Funktion eines höheren Erziehungssystems oder einer Stätte der Berufsausbildung hinausgehen. Warum leisten sich entwickelte bürgerliche Gesellschaften überhaupt Universitäten? Weil sie um ihre Reformbedürftigkeit wissen, weil sie zukunftsfähig sein wollen, weil sie zu ihrer eigenen Veränderung absichtsfreie Räume und Laboratorien des Neuen brauchen. »Die Universitäten ermöglichen es jungen Menschen, eine Reihe von Jahren außerhalb aller gesellschaftlichen Gruppen und Verpflichtungen zu stehen, wirklich frei zu sein«, so definierte es Hannah Arendt. »Wenn sie die Universitäten zerstören, dann wird es das nicht mehr geben, infolgedessen auch keine Rebellion gegen die Gesellschaft.«[44] Sie schrieb das in Sorge über die gewalttätigen und selbstzerstörerischen Tendenzen in der 68er-Bewegung, die dabei waren, diesen Freiheitsraum der Universitäten zu zerstören. »Wenn es den Studenten gelingen sollte, die Universitäten zu zerstören, dann haben sie sich selbst ihrer Operationsbasis beraubt – und zwar in allen der betroffenen Länder, in Amerika wie in Europa. Und eine andere Basis werden sie nicht finden, schon weil sie nirgendwo anders zusammenkommen können.«
Es ist tatsächlich etwas Besonderes um einen solchen Raum, der den Gesetzen des schnellen Zugriffs durch Staat, Wirtschaft und Gesellschaft entzogen wäre. Es ist auch etwas Bezwingendes in der Vorstellung: Die Begabtesten eines Landes setzen sich, akzeptiert von der ganzen Gesellschaft, eine Zeitlang einer solchen Freiheit aus. Sie machen erstaunliche Entdeckungen, erfahren Bedeutendes und Beängstigendes und treffen dazu noch auf Lehrende, die sich mit dem freien Denken auskennen, weil sie sich solche Lustbarkeiten gelegentlich immer noch selbst genehmigen. Es ist ein Ideal – weit entfernt von der Realität der heutigen anonymen Massenuniversitäten mit ihren genormten Studienverläufen und ihrem routinierten seelenlosen Lehrbetrieb.
Es war aber nicht der Staat oder die Diktatur, die mit der Einschränkung der Freiheit von Forschung, Lehre und Meinungsfreiheit

begannen. Und wenn sie es versuchten, hatten sie meist keinen langfristigen Erfolg. Nein, die wirksamste Einschränkung der Freiheit der Intellektuellen war das Werk der Intellektuellen selbst, es war ein Experiment am eigenen Leibe und am eigenen Kopf. Es war ein Prozeß der Selbstnegation der Intellektuellen. Diese Tragödie der Intellektuellen fand in der ersten Hälfte des zwanzigsten Jahrhunderts statt, als die brisante Mischung aus intellektuellem Selbsthaß und intellektuellen Omnipotenzgefühlen den stalinistischen Schauprozeß, das Ritual der öffentlichen Selbstkritik und die Tribunale der Kulturrevolution gebar.

Es ist peinigend, die Protokolle der Moskauer Kongresse und Schauprozesse aus den dreißiger Jahren zu lesen, wo Intellektuelle, Künstler, Dichter andere Intellektuelle des ideologischen Verrats beschuldigen, wo sie sich selbst der absurdesten Vergehen gegen eine über allem schwebende Instanz ideologischer Richtigkeiten bezichtigen. Es ist nicht nur der Blick in den Verrat an Freunden und Kollegen, der diese Protokolle so unerträglich macht, es ist das fast religiöse Pathos von Gläubigkeit und Gehorsam, der Grad an menschlicher und intellektueller Selbstopferung, der frösteln läßt.

Was machte eine ganze hochbegabte Generation junger linker Intellektueller so bereit zum Verzicht auf die eigene geistige Freiheit, zum sacrificium intellectus? Was täuschte selbst einen Ernst Bloch, einen Bert Brecht, einen Georg Lukács, einen Robert Havemann? Und was war es, das diese merkwürdig hochgezüchtete Mischung aus Ordensgemeinschaft und Schicksalsbund zusammenbraute, die in dem berüchtigten »Hotel Lux« einen klugen Kopf nach dem anderen in geschliffener böser Prosa belastende Kaderberichte in die Schreibmaschine hämmern ließ?

Ähnliches passierte fast zur gleichen Zeit im Schatten der anderen totalitären Ideologie, des Faschismus. Auch die deutschen Reden und Texte eines Gottfried Benn, eines Ernst Jünger, eines Martin Heidegger aus den ersten Jahren der nationalsozialistischen Bewe-

gung verblüffen durch eine intellektuelle Selbstverleugnung, die nach Erklärungen sucht.
Das Selbstexperiment der Intellektuellen unter dem Schatten der totalitären Diktaturen war nicht einfach die skrupellose Abschaffung intellektueller Freiheiten und überkommener Moral. Es war komplizierter und damit intellektuell verführerischer. Es folgte selbst einem Freiheits- und Glücksversprechen – und es war getrieben von einem durchdringenden Suchen nach bleibendem Sinn und neuen geistigen Heimaten. Auch die Intellektuellen waren Vertriebene.
Zufällig kann es nicht sein, daß die Künstler und Intellektuellen der ersten Jahrzehnte des Jahrhunderts deutlicher als andere auf die Gewalt reagierten, die der Weltkrieg und die großen sozialen und wirtschaftlichen Modernisierungswellen des Frühkapitalismus hinterlassen hatte. Die Intellektuellen selbst waren dadurch zumeist ihrer früheren gesellschaftlichen Stellung und materiellen Sicherheiten beraubt. Sie ahnten wie ein Seismograph, daß da Aggressionspotentiale freigesetzt waren und daß es wirksamer Kräfte bedurfte, sie zu binden. Es waren ja nicht die Zyniker unter den Intellektuellen und Künstlern, die sich auf die Suche nach gerechten Ordnungen und nach neuen Bindungen in den auseinanderdriftenden Sozialgefügen machten. Es waren die Utopisten und Moralisten, die selbst auf der Suche nach gültigen Wahrheiten waren.
Anfälligkeit für totalitäre Ideologien entspringt oft dem realitätsgerechten Gefühl eines großen Verlustes in den dramatischen Veränderungsprozessen der Moderne und dem Wunsch nach einer lebensgeschichtlichen Bindung an eine trotz allem bestehende geistige Heimat. Ein Ergebnis der linken Reise nach Utopia war ein hochmoralisch argumentierter Selbstversuch zur Abschaffung der Moral, die als »bürgerlich« deklariert wurde, zugunsten einer vermeintlich höheren, gerechteren Sozialmoral.
Der Sozialismus als Lehrgebäude war schon unter Marx und Engels durch drei bezeichnende Charakteristika geprägt: Er trug

Züge des Religionsersatzes, er reproduzierte die typische Staatsferne des deutschen Bildungsbürgertums und er spiegelte das ewige Exilantenschicksal seiner Intellektuellen wider. Viel zuwenig wird bei Marx und Engels, aber auch bei Luxemburg, Heine und all den anderen registriert, wie weit ihre Utopien und eschatologischen Geschichtskonzepte von den Träumen und Fieberträumen des Exils geprägt sind.

Deutschland, das Land der Dichter, Denker und Reformatoren, ist vor allem das Land der vertriebenen Dichter, Denker und Reformatoren. Darum ist es so außerordentlich produktiv in Sachen Utopie und Weltverbesserung. Wo ein Schmerz war, fand sich ein Auftrag, ihn zu beseitigen. Wo eine Ungleichheit war, wurde sie sogleich zur hassenswerten Ungerechtigkeit. Wo ein Böses war, fand sich eine soziale Ursache. Wo ein Schicksal herrschte, fand sich eine Tendenz, es zu korrigieren.

Das Exil und die Sehnsucht nach einem Sinn des Vertriebenseins sind die Wurzel vieler Utopien. Utopien sind die intellektuellen Produktionen von Ausgegrenzten, das ist nicht der geringste Grund, warum sie als politische Richtlinie für die siegreich zurückgekehrten Revolutionäre so gefährlich sind, wenn diese daraus ein politisches System mit dem Anspruch auf Dauer und Normalität zimmern.

Ein Land, das seine Intellektuellen so wenig im Land erträgt, muß sich allerdings auch nicht wundern, wenn deren Gedanken nicht besonders staatsfreundlich und sozialverträglich sind. Wer regelmäßig von außerhalb der Landesgrenze mit seinen Landsleuten zu verkehren genötigt wird, für den bildet das j'accuse! leicht die Haupttonlage, auf der er zu kommunizieren gelernt hat.

Höflichkeit, Ironie, Sozialverträglichkeit, Verantwortungsgefühl für das Gemeinwesen entstehen im Inneren pazifierter Gesellschaften. So bilden in England, im Frankreich nach 1789, in den Niederlanden, Dänemark, Schweden, der Schweiz das Bürgertum oder die Citoyens eine Schicht, die nicht leicht zu dämonisieren und für radikale Utopien zu gewinnen ist, da sie sozial und wirtschaftlich gesichert und in ihrer Identität stabil sind. »Man verhaftet keinen Voltaire«, soll Charles de Gaulle gesagt haben, als jemand ihn nötigen wollte, die umstürzlerischen Aktionen eines Jean-Paul Sartre zu ahnden. Das bürgerliche Frankreich sah das genau so. In Deutschland, Ost wie West, war das immer anders. »Man« verhaftete Voltaire besonders gern – und dabei konnte »man« sich der öffentlichen Zustimmung immer sicher sein.

Verhaftet wird heute vor allem im deutschen Feuilleton. Voltaire hat da viele Namen: Christa Wolf, Botho Strauß, Wolf Biermann, Hans Magnus Enzensberger, Günter Grass, Martin Walser, Peter Sloterdijk, Wim Wenders. Auch die Schlagbäume werden da wieder nachgebaut, hinter die man jemanden verbannen kann, dessen Gedanken zur Zeit noch nicht genehm erscheinen. Das ist alles – immer noch – gezeichnet vom Trauma des Exils.

Wären die deutschen Intellektuellen wirklich in der neuen Republik angekommen, sie würden erkennen, daß darin mehr Platz ist, als sie vermuten. Aber um diesen Platz auszumessen, müßte es etwas fast Revolutionäres geben: die Selbstanerkennung der Intellektuellen als Bürger einer freien Republik, deren Verfaßtheit nicht zuletzt von dem Grad an Freiheit abhängt, den sie sich untereinander gestatten.

Die Medien – die neue Arena

> First we take Manhattan;
> then we take Berlin

In jeder historischen Epoche gibt es bestimmte Orte, in denen sich alles verdichtet: die Macht, die Kultur, das Glücksversprechen, die Intelligenz, die Gewalt. In diesen Zentren – es kann gar nicht anders sein – wird auch die Zivilisation der Welt gebildet, die Normierung eines bestimmten kulturellen und sozialen Standards im gesellschaftlichen Binnenverhältnis. Diese stilbildenden Pole der Zivilisation, die mehr sind als bloße Machtzentren, zielen auf Faszination und Imitation, gegen sie gibt es keinen Widerstand, nur das Prinzip nachahmenden Gehorsams. Wer das Besondere einer Epoche beschreiben will, muß den Geist dieser Zentren erfassen, die einen Sog ausüben auf alle anderen Bereiche. Wer etwas erreichen will, wer nach Macht und Einfluß strebt, wer eine Gesellschaft reformieren will, der wird versuchen, in diesem politisch-kulturell-zivilisatorischen Zentrum eine Rolle zu spielen. Im klassischen Griechenland und in Rom waren solche Orte: die agora und das Theater, das capitol und die Arena. Im Mittelalter waren der Hof und die Kurie die Plätze der kulturellen Hegemonie. Roma locuta, was Rom vorgab, das war nicht nur Kirchengesetz, sondern auch zivilisatorische Norm. In der bürgerlichen Welt waren es die Städte, die großen Metropolen, in denen das Leben pulsierte und die Welt gedeutet wurde. Heute aber sind es weltweit die Medien.

Die Medien zeigen, wie man richtig lebt und was überhaupt der Fall ist. Sie entschlüsseln und vermessen die Welt. Sie erreichen prinzipiell jeden. Die Medien können Pogrome auslösen, Aufstände, Völkerwanderungen und Flüchtlingsströme. Sie können auch realexistierende Kriege, Hunger und Tod vergessen machen, als hätten sie nie existiert. Denn wo die Medien und CNN nicht hingucken, da breitet sich das Nichts aus. Wo kein Viersterne-Hotel ist, da ist meist auch kein Krisengebiet.

Als Lenin sich im Exil darauf vorbereitete, eine Revolution zu initiieren, schuf er sich erst einmal zwei revolutionstaugliche Medien: eine Kaderpartei und eine Zeitung, eins für die Analphabeten und eins für die Gebildeten. Mao Tse-tung und Fidel Castro machten es nicht anders. Selbst die behutsamere deutsche Arbeiterbewegung wußte immer, daß sie zu ihrer Verbreitung Medien brauchte: die Presse und geschulte Propagandisten für die Volkshochschulkurse.

Seit den zwanziger Jahren sind die neuen Medien für politische Bewegungen die Zielobjekte, auf die es ankommt. Sie prägen die Ästhetik des öffentlichen Raumes, sie verleihen die Aura des Unwiderstehlichen. Wer als erster die neuen Medien besetzt hat, dem eröffnen sich ungeahnte Zugänge zur Beeinflussung der Massen. Medien setzen immer auf die Faszinationsbereitschaft und die Neugier der Menschen, also auf ihre kreativen Potentiale, auf ihre Fähigkeit zu staunen. Sie setzen damit zugleich auf ihre Verführbarkeit und schutzlose Offenheit.

In der Frage des Nutzens der neuen Medien war niemand moderner als der Nationalsozialismus. Im Gegensatz zum Bereich der Malerei, wo, nach dem Vorbild und Geschmack des Führers, die altertümelnden und letztlich harmlosen Nazischinken in der Manier des 19. Jahrhunderts dominierten, waren die Filme, die Architektur der großformatigen Plätze und Prachtstraßen der NS-Kultur sensationell modern. Diesen Formwillen und ästhetischen Machtanspruch verkörpern die Filme von Leni Riefenstahl, die nicht ohne formale Genialität sind – darin finden sie in Sergej Eisenstein ihr Pendant. Für diese Medienmodernität stehen die suggestiven Farben und Lichterdome, die fast mystischen Inszenierungen des öffentlichen Raumes und die Massenaufmärsche.

Heute enthält jedes große Rockkonzert Elemente solch einer vieldimensionalen Erlebnisintensität. Zu Beginn der elektronischen

Ära aber waren diese neuen Medien für die in ihrem Gebrauch Ungeübten berauschend, überflutend und überwältigend. Hier entstand jene Atmosphäre des eigenartigen übernatürlichen Glücksgefühls, bei dem sich Erwählungsbewußtsein, nationale Sendung, Schönheit der Form und Todesmystik so eigenartig mischten, daß die, die davon auf eine gefährliche Reise geschickt wurden, bis heute nicht genau erklären können, was sie damals eigentlich so unwiderstehlich anzog. Der Mitläufer ist immer einer, den eine Kraft anzieht, die er nicht wirklich begreift. So wenig er davon auch rational erfaßte, was der nationalsozialistische Volksgenosse als Deutscher zu denken hatte, was sich um ihn ereignete an Weltereignissen, das interpretierte ihm in jedes erreichbare Ohr zum ersten Mal der Volksempfänger, auch das ein neues, sehr intimes Medium, das als erstes den Sprung in die häusliche Atmosphäre schaffte – in genau den Raum, in dem der Mensch schutzlos und am meisten prägbar ist.

So alt wie die ersten Medien, das geschriebene Wort und das Theater ist die Frage, ob die Medien Gewalt erzeugen. Einfach ist diese Frage nicht zu beantworten, sie kommt aus der richtigen Beobachtung, daß sich in und um die Medien so viel Gewalt verdichtet. Der Verdacht, daß die Medien selbst Gewalt erzeugen, ähnelt der gelegentlich hingeworfenen Vermutung, daß auch religiöse Opferriten oder blutrünstige Märchen Gewalt hervorrufen, da sie dem Menschen etwas Unheimliches einflüstern oder suggerieren.

In welchem Verhältnis steht religiös oder kulturell oder medial gebundene Gewaltdarstellung zur realen Gewalt? Ist sie ein Spiegel der Alltagsgewalt? Ein Verstärker? Ist sie ein Instrument der Gewaltsublimierung, ein Mythos, eine verschlüsselte Menschheitserinnerung an frühes Unheil? Ist sie selbst sogar eigene Ursache von Gewalt? Oder ist sie doch ein Mittel der Aufklärung, geeignet zum Abbau von Gewalt?

Nach allem, was wir bisher über die Gewalt erfahren haben, wäre es falsch zu behaupten, daß der Stoff der Gewalt aus dem Medium selbst, sozusagen aus der Luft erzeugt wird. Die Gewalt kommt vielmehr aus dem vorgegebenen Schicksal, daß menschliche Individuen und ganze Gesellschaften konflikthaft und gewalthaltig miteinander zu tun haben, aus der Konkurrenz, der Enge, der Überlebensangst, dem Kampf um Arbeit, Anerkennung, Macht, Liebe, Ehre, Sexualität. Sie kommt aus der strukturellen Knappheit an all diesen libidinös besetzten Gütern, gemessen an der Grenzenlosigkeit des menschlichen Begehrens. Und sie kommt aus dem zunehmenden Binnendruck und der zunehmenden Beschleunigung aller Lebensvorgänge in den Kulturen der Moderne.

Wie die Arena im Alten Rom sind die Medien aber auch nicht einfach nur ein neutraler Spiegel und fern jeder Verantwortung und Haftung. Sie haben viel damit zu tun, wie weit der Druck und die Energie, die in all diesen Gewaltpotentialen steckt, kanalisiert und gemildert oder konzentriert und verdichtet wird. Sie haben mit den Wegen und Richtungen der Gewaltströme zu tun, mit den Adressen, an die sie sich richten und mit den Anlässen, an denen die Gewalt regelrecht explodiert. Die meisten Medienmacher aber wissen nicht, was sie tun, wollen auch nichts wissen. Das ist das wirklich Beunruhigende.

Es gibt einen Einwand, der das Nichtwissen um die dunkle Seite der Macht der Medien zur Grundbedingung von künstlerischer Kreativität erklärt. Und tatsächlich ist es berechtigt zu fragen, ob denn alle Medienarbeiter wirklich wissen müßten, was sie tun. Können sie noch Journalist, Kameramann, Regisseur, Dichter, Kommentator sein, wenn sie zuviel von der Gewalt wissen, mit der sie instinktiv umgehen?

Der Einwand gibt sich naiver, als heute intellektuell erlaubt ist. Es stimmt zwar, daß auch die meisten Priester, die ehemals Opferrituale zelebrierten, kein genaues Wissen über die gefährlichen Energien hatten, denen sie mit ihren Zeremonien ein Medium verschafften. Aber ihre Medien, der Kult und das Opferritual, waren tausendfach eingebunden in bindende Ordnungen, Tradition, feste

Regeln, die gleichzeitig nur ein Ziel hatten: der neuausbrechenden Gewalt vorzubeugen. Davon zeugen alle Begleitvorschriften: das Händewaschen, das Fasten, das Gebot völliger Ruhe, die Forderung nach »reinen« Opfertieren. Nein, kein traditioneller Opferkult war einfach naiv und unwissend. Und er gab sich auch nicht so.
Auch die alten Märchen- und Mythenerzähler, die Häuptlinge, Schamanen, Gurus hatten nicht alle vollständiges Wissen über die Ströme von Gewalt, Rausch, Macht und Lust, mit denen sie medial hantierten, aber etliche ahnten es zumindest und gaben den Inszenierungen all dieser Kräfte verbindliche Gemeinschaftsregeln, damit sie nicht zur sozialen Explosion führten. Und wo sie es nicht wußten, da lebten diese ashrams, diese Sekten der ungebremsten Heilserwartungen, immer dicht an der Grenze der apokalyptischen Selbstzerstörung. Das ist kein Zufall, nicht jeder mediale Draht ist menschen- und weltverträglich. Das zu wissen gehört heute zum aufgeklärten Bewußtsein einer rausch- und drogenerfahrenen Kultur.
Nicht nur die inspirierten Gruppen verstehen sich auf den Zuwachs an Macht und Bewußtsein mittels medialer Stoffe. Alle Dichter, alle, die mit Medien hantieren, sind in gewissem Maße Zauberer und Mächtige, das hat mit den kreativen Prozessen und mit den ungeahnten Steigerungsmöglichkeiten des Medialen zu tun.
Dominierender aber als alle früheren medialen Stoffe sind die heutigen elektronischen Medien. Sie sind die Adern der modernen Weltkommunikation: Sie erreichen jedes Glied des sozialen Gewebes auf dem Globus. Sie sind der Medizinmann der Moderne, sie transportieren Kraft, Handlungsvollmacht, Information, neues Wissen, aber eben auch Destruktives. Für die Verarbeitung der innergesellschaftlichen Gewalt sind sie – nach dem Untergang der Religionen, Mythen und Kulte und nach der Delegitimierung der großen Staatslehren – eine der letzten Instanzen.
Eigentlich versteht es sich von selbst, daß nach der Überwindung der bipolaren Weltordnung des Kalten Krieges auch die Macht der

Medien gestiegen sein muß. Für sie fiel zunächst einmal eine künstliche Kommunikationsgrenze, eine Kultur- und Einflußbarriere. Das war eine Erleichterung beim weltweiten Zusammenschluß einer zivilisatorischen Weltsprache, die die Medien immer schon anstrebten. Aber das allein erklärt noch nicht ihren ganzen realen Machtzuwachs. Dieser kommt allein aus der Praxis, aus dem gigantischen Erfolg: Es waren vor allem die Medien, fast sie allein, die ein ganzes Imperium gestürzt haben. Die Wende, die friedliche Revolution, der Sturz der sowjetischen Supermacht, sie waren zuallererst ein Werk der Medien. Das ist die neue Qualität von Machterfahrung, die historisch ohne Vorbild ist.

Medien stürzen Supermächte. Das Besondere an diesen osteuropäischen Revolutionen war ja gerade, daß sie keine Subjekte im Sinne der klassischen Revolutionstheorien hatten: keine führende Partei, keine Avantgarde, keine zu allem entschlossenen Kader, keine revolutionäre Klasse, keinen Plan der sozialen Erhebung, keine Rote Armee.

Die Absichtslosigkeit ist das Markenzeichen dieser Revolution. Es gab keinen Willen, eine Revolution zu machen, es gab keinen Plan und keine Propaganda dafür. Es gab viele und unterschiedliche Bedürfnisse und Wünsche nach Freiheit, Selbstbestimmung, Reisen, Demokratie, Welterfahrung. Aber es gab keine langsam sich steigernde revolutionäre Vorphase, keinen massenhaften Wunsch nach Revolte und Umsturz, keine Bewaffnung der Volksmassen. Die Wende des Jahres 1989 war eine Revolution, die so keiner wollte und vorhersah, mit der aber alsbald alle übereinstimmten, jedenfalls eine Zeitlang. Es war eine Revolution der medialen Verflüssigung aller Verhältnisse. Es war auch eine Revolution der machtvollen Bilder: die Demonstration der Kerzen, die Hunderttausende friedlicher Menschen auf den dunklen Straßen, die qualvolle Enge der Botschaftsflüchtlinge, der zerschnittene Stacheldraht, das Fluten von Ost nach West, die Fahnen und Sprechchöre, der Sprachwitz und die Heiterkeit, der Tanz auf der Mauer, die

Lächerlichkeit des kleinen bäuerischen Diktators auf seinem Balkon in Bukarest, die Fahrigkeit der Küsse der alten Männer des Regimes, das unsichere Überschlagen der Stimmen der Funktionäre.

Die Revolutionäre hatten keine Waffen, und zum ersten Mal brauchten sie auch keine: Die Bilder zogen den Herrschenden den Boden unter den Füßen weg, die Bilder versetzten die Menschenmengen in eine einzige Bewegung, einen Strom, der irgendwo landen wollte.

Diese Revolution war nicht nur ein Medienereignis, sie war *mediengemacht* wie keine zuvor. Und sie hatte die ganze Welt synchron als Zuschauer auf den Rängen des Welttheaters. So entstand eine neue Arena, in der vor aller Augen noch einmal zwischen gut und böse, zwischen stark und schwach entschieden wurde. Und der Zuschauer an seinem Fernsehgerät zu Hause entschied wirklich mit über Sieg oder Niederlage – wie im alten Rom.

Das ist nun bewiesen: Medien können Revolutionen machen. Bewiesen ist auch, daß sie dazu beitragen können, daß Revolutionen ohne Blutvergießen vonstatten gehen. Darin liegt die neue große Chance. Beides ist von den Medien genutzt worden: die Chance zur Verflüssigung aller Verhältnisse und zur Delegitimierung von staatlicher Herrschaft – und die Chance, mit Bildern zu siegen und nicht mit Waffen.

Die mächtigen Medien haben ein Doppelgesicht. Sie können alles ins Wanken bringen, und zugleich eröffnen sie die große Perspektive neuer humaner Möglichkeiten, ja sogar der Gewaltvermeidung. Wenn dies tatsächlich gelänge, wenn es diese eine Arena gäbe, die kein Blut mehr braucht und trotzdem die Funktion erfüllt, Gewalt zu verarbeiten und Gemeinschaften neu zu begründen – es wäre eine Hoffnung für das unruhige Jahrtausend, auf das Europa zugeht.

Solche Medien aber brauchen Künstler und Arbeiter, die nicht nur in der Lage sind, Machthaber zu stürzen, sondern auch etwas von

ihrer dunklen Potenz ahnen, Pogrome auszulösen und ganze Völker auf psychischen Treibsand und in eine unaufhaltsame Bewegung zu versetzen. Mit den Medien zu tun zu haben, das setzt in Zukunft mehr Professionalität und Kenntnisse voraus, als News zu setzen und Quoten zu machen.
Die neuen mächtigeren Medien brauchen intelligentere Akteure. Diese benötigen eine Portion Zivilcourage, auch gegenüber der eigenen Journalistenzunft. Sie müssen bereit sein, bewußt auf etwas zu verzichten, was sie jederzeit grenzenlos tun können: beliebige Sündenböcke auszurufen und zu jagen. Sie müssen zur Selbstbindung fähig sein wie Odysseus beim Gesang der Sirenen.

Sport, Musik, Kultur und Spiele – oder:
Die Stars sind die neuen Citoyens

> empty spaces – what are we living for
> abandoned places – I guess we know the score
> on and on
> does anybody know, what we are looking for
> another hero, another mindless crime
> behind the curtain, in the pantomine
> hold the line
> does anybody want to take it anymore?
> the show must go on
> the show must go on . . .
> *Freddie Mercury – Queen*

Es gibt Hoffnung, wo kaum einer sie sucht: Die Alltagskultur der Gegenwart ist erfolgreicher in der Bändigung von Gewalt als die Hochkultur. Sie ist darin sogar erfindungsreicher und effektiver als die mächtigen elektronischen Medien und die Politik.
Jedes Fußballspiel, jedes Eishockeymatch, live miterlebt, liefert dafür den Beweis. Wer die Menschenfluten von Hooligans erlebt, die sich, lautstark und schon alkoholisiert, vor den großen Spielen brausend aus den Bahnhöfen ergießen, der bekommt einen sinnlichen Eindruck davon, wieviel Frust, Ohnmacht, Lust auf Randale sich da die Woche über in Männerkörpern aufgestaut hat. Das ist eine ungebremste Präsenz von Gewaltbereitschaft und geballter Suche nach Feindberührung. Kaum aber im Stadion oder in der Eissporthalle angekommen, wird aus dieser dampfenden Menge in kürzester Zeit in der Süd- oder Nordkurve unter der geschickten Anleitung von Trommlern und Flüstertüten-Rufern ein intelligentes Gebilde von Farben, Bewegungsritualen, rhythmischen Sprechgesängen, Klatschen und Gelächter. Es ist unglaublich, wieviel Witz, Ideenreichtum und Augenblickskreativität in den Fan-Blocks entstehen kann. Da ist alle Wochen Karneval: La Ola.

Das war nicht immer so. Als die deutsche Fußballmannschaft 1954 in Bern wider Erwarten Weltmeister wurde, da standen die deutschen Schlachtenbummler wie ein Mann ernsthaft versammelt auf den Rängen und sangen einstimmig und eindimensional die erste Strophe des Deutschlandliedes. Damals spürten die jungen Spieler, daß ihnen da eine Rolle zuwuchs, die mehr bedeutete, als ein Fußballspiel leisten kann. Auf einmal waren sie die nationalen Helden, die das Gefühl von Niederlage, verlorener Ehre, Demütigung und nationaler Schande wettzumachen hatten – wenigstens für diesen kurzen historischen Moment. Dieses Singen auf den Rängen, das war schon kein Spiel mehr. Sepp Herberger, der Fußballphilosoph, hat das mit sicherem Instinkt sofort begriffen und seiner Mannschaft ab diesem Zeitpunkt äußerste Disziplin im öffentlichen Verhalten und Verantwortungsbewußtsein abverlangt. Und diese Fußballer begriffen und akzeptierten auf erstaunliche Weise ihre Vorbildrolle. Sportler als Politiker der Deeskalation.

Wie anders war es im Jahre 1990, als es wieder um eine Fußballweltmeisterschaft ging. Da war das Fußballspiel vor allem ein Spiel, ein Spaß, ein Fest an einem heißen Sommerabend, ausgeführt von polyglotten Individualisten – die mitunter sogar Ballkünstler waren. Solche Siege und solche Sieger muß keiner mehr fürchten.

Nur die Ignoranten gehören zu den Verächtern des Sports, insbesondere des Leistungssports. Was sich da kulturkritisch oder snobistisch äußert, hat meistens nicht viel begriffen von der friedenserhaltenden und friedensstiftenden Funktion der großen Spiele in komplexen Gemeinschaften. No sports! – Die Parole gibt sich überlegen und scheut doch nur den Blick in die Bereiche des Humanen, die in die eigene Vorstellungswelt des Menschenfreunds nicht passen. Der Sport der großen Wettkämpfe nämlich ist ein geschickter Verwandler von gewalthaltigen Emotionen. Er vermittelt Gefühle von Sieg, Trauer und Versagen, von intensiver Körperlichkeit und der Bereitschaft, an die eigenen Grenzen zu gehen. Er hilft Niederlagen zu verarbeiten, Konkurrenz zu ertragen,

Schmerz und Wut abzureagieren. Er vermittelt, und zwar auf Zeit, Gefühle von Stolz und Triumph, braucht dafür aber keine nationale Ideologie und ewigen Werte mehr.

Auch an den öffentlichen Spielen läßt sich die Geschichte der europäischen Zivilisation ablesen. Es ist ein weiter Weg von den Totenspielen der Etrusker über die blutige Arena in den Metropolen des römischen Reiches, die ebenfalls oft tödlich endenden Ritterspiele des Mittelalters, die Stierkämpfe in Spanien und Portugal bis zu den Autorennen und Tennismatches der Gegenwart. Aber allen gleich ist die Inszenierung: Immer ist da die Arena, immer ist der Kreis geschlossen, immer sind die, die im Kreis stehen und kämpfen, Stellvertreter, immer sind sie auch Träger von Identifikation oder feindlicher Aggression, immer geht es um alles oder nichts, Sieg oder Niederlage. Immer spiegeln die Zuschauer auf den Rängen die ganze Gesellschaft oder zumindest ihre tonangebenden Schichten, immer spielen sie mit ihren Pfiffen und Applausen ein bißchen Schicksal über Leben und Zukunft der Athleten.

Und doch – obwohl das, zum Glück, fast ganz vergessen ist – immer noch ist die Arena auch ein mit Spielregeln und Übereinkunft gebändigtes, ein humanisiertes »Pogrom«, in dem Aggressionen gegenüber Feinden und Fremden verarbeitet werden. Das läßt sich noch erahnen, angesichts des kollektiven Willens, der die Rennfahrer in die Todeskurven und die taumelnden Boxer in die letzte Runde schickt und danach befiehlt: the show must go on! Nur wer das bedenkt, erkennt die gar nicht zynische, sondern bitter ernst gemeinte Weisheit, die in dem Rat steckte, für das Volk immer »Brot und Spiele« bereit zu halten.

Unter den möglichen Formen dieser öffentlichen Spiele ist der Mannschaftssport unerreicht in seiner Fähigkeit, Aggressionen zu bündeln und gleichzeitig zu verarbeiten. Er ist auch der humanste, mit erstaunlichen sozialen Wirkungen. König Fußball ist dabei wirklich ein Meister an zivilen Qualitäten. Er fordert den Respekt vor vereinbarten Regeln und der neutralen Instanz des Schiedsrichters. Er befriedigt das Bedürfnis nach Kampf wie nach Gerechtigkeit, Vorbildern und Spielerpersönlichkeiten. Er bestraft rohe Gewalt und Bosheit dem Gegner gegenüber mit gelben und roten Karten, er erfordert Übersicht und das Zusammenspiel aller und bändigt damit die Konkurrenz in der eigenen Gruppe. Er unterbindet Anarchie und Unbeherrschtheit, er belohnt Einsatz und Spielfreude, Technik und Körpereinsatz. Der Fußballsport war multikulturell, bevor es den Begriff überhaupt gab. Er sucht seine Talente bevorzugt in den Vororten und Armenvierteln und unter den Zuwanderern. Er ist sogar demokratisch, er gibt jedem Ballgenie eine Chance, niemand braucht ein teures Pferd oder eine noble Familie mit Clubkarte, um mitmachen zu können.

Von vergleichbarem, wenn auch anderem zivilisatorischem Nutzen für die Gesellschaften und ihre Sozialgefüge sind nur noch die großen Musikereignisse. Auch sie sind eine einzigartige Bühne für das Drama der Verwandlung von Gewalt in ein anderes gesellschaftliches Element. Früher erfüllten die Opern und großen Oratorien diese Funktion der magischen Verwandlung. Heute sind es die Rockkonzerte und die großen Open-Air-Festivals.

Wo sind wir, wenn wir Musik hören? In einem vieldimensionalen Raum der Schwerelosigkeit, in dem es keine Zensur und keine Tabus mehr gibt, in einem Raum reiner und unvermischter Emotionen: Liebe, Haß, Wut, Melancholie, Sehnsucht, Verzweiflung, Kitsch und Kunst, alles darf da existieren. Musik ist eine Weltsprache, die keine Übersetzung braucht. Musik ist auch ein Medium für die Verwandlung von Haß und Gewalt in Trauer. Das ist die Tiefendimension des Blues und der Spirituals. Die unglaubliche Musikalität und spirituelle Kraft aller schwarzen Kulturen hat hier ihren Ursprung. Nur wer so singt, kann auch ohne Gewalt leben. Das verkörpert ein Nelson Mandela, der nach einer unendlich langen Geschichte der Apartheid und der Unterdrückung gemeinsam mit seinem Volk den Haß und die Ohnmacht, leicht in den Hüften schaukelnd, wegswingt. Niemals gab es etwas Vergleichbares in den Befreiungsgeschichten Europas!

Aber auch in der europäischen und amerikanischen Kultur bilden die Künstler und Stars inzwischen eine einsame Avantgarde in den gesellschaftlichen Prozessen der Gewaltbändigung und -zähmung. Mit einer großen Selbstverständlichkeit, meist ohne überhaupt zu wissen, was sie da eigentlich vollbringen, arbeiten sie an dieser Schwerstarbeit der Verwandlung mit. Damit sind sie der Politik weit voraus. Sie sind die wirklichen Citoyens der heutigen Zivilisation. Sie versammeln auf sich das Wirrwarr kollektiver Emotionen und Affekte und geben ihm einen unvergleichbaren, authentischen Ausdruck.

Die hohe Sterblichkeitsrate unter den noch jungen Rockmusikern und Filmstars, sie ist ein Beleg dafür, daß es bei solchen Verkörperungen und Verwandlungsprozessen immer auch um Tod oder Leben geht.

Eine dritte Epoche der Zivilisation – oder: Wie dieser Film ausgeht

> mach dir
> keine sorgen
> es wird schon
> weitergehn
> wir werden uns
> was borgen
> und wieder
> jung aussehn
> für ein paar
> neue kinder
> ist es jetzt
> eh zu spät
> und hör auf
> zu fragen
> wie dieser
> film ausgeht.
> *Marius Müller-Westernhagen*

Wir sind am Ende eines sehr langen und beunruhigenden Weges angelangt. Was hat uns der Blick in diese andere, dunkle Seite der Menschennatur gebracht? Und was nützt es dem Leser, Zuschauer und Zeitgenossen, sich selbst so zu sensibilisieren gegenüber den Phänomenen der Gewalt und der Gewaltverarbeitung?
Vielleicht kann man gar nicht so fragen. Es gibt intellektuelle und politisch-moralische Aufgaben, denen kann sich niemand entziehen. Darin ähnelt die Situation nach dem Ende des Kalten Krieges in Europa der fast auswegslos scheinenden Lage nach den Wirren des Dreißigjährigen Krieges und dem Zusammenbruch der alten Ordnungen im 16./17. Jahrhundert. Auch damals war keineswegs ausgemacht, ob es noch einmal im Zentrum des Kontinents eine große kulturelle Anstrengung zur Beendigung der allgegenwärtigen Gewalt geben würde. Auch damals war nicht sicher, ob die Kraft für eine Pazifizierung im Innern ausreichen würde angesichts der großen Erschöpfungen durch das Chaos rundum.

Am Ausgang einer Epoche der innergesellschaftlichen Gewaltexzesse fragt die Gewalt immer nach sich selbst, ohne daß man viel dazu tun müßte.
Im Laufe des ganzen zwanzigsten Jahrhunderts ist noch einmal die naive Fortschrittsgläubigkeit in bezug auf die Vervollkommnung des Menschengeschlechts zunichte gemacht worden – und zwar sowohl in der faschistisch-rassistischen wie in der sozialistisch-bolschewistischen Variante. Im Umgang mit der Gewalt hat die Moderne keine schlüssigen gesellschaftstauglichen Konzepte entwickelt, das ist eine nüchterne Bilanz. Sie hat vielmehr dazu beigetragen, noch bestehende traditionelle Barrieren gegen das Ausbrechen innergesellschaftlicher Gewalt zu schleifen, auch das ist eine Tatsache. Nach all diesen Menschheitsexperimenten ist die Wiederkehr der Barbarei näher als der Glückszustand einer befriedeten Weltgesellschaft.
Als erstes ist also ein Verlust zu konstatieren. Aber dieser Verlust hat produktive Seiten. Er ist auch ein Verlust an Naivität den Gewaltphänomenen gegenüber. Verloren ist damit zugleich die berauschte Faszination durch die Gewalt, jede Form der Gewaltverklärung, wie sie die Poeten und Romantiker der nationalen Befreiungsbewegungen ebenso feierten wie die Populisten und Agitatoren der nationalen Erhebungen. Was sich die Menschheit wirklich erworben hat in all diesen Irrtümern und Katastrophen, ist eine große Vorsicht und eine tiefsitzende Skepsis gegenüber allem hitzigen Reden und Denken. Himmelstürzlerische Weltrettungssysteme jeglicher Orientierung sind out of time.
Gewonnen ist auch ein Respekt. Respekt vor der intuitiven Weisheit fast aller traditionellen Formen der Gewaltbändigung, die Generationen von Aufklärern doch so milde belächelt hatten. Wahrscheinlich wird die Menschheit nie wieder eine so wirksame Methode der Gewalteindämmung und Gewaltächtung finden, wie sie die frühen Hochkulturen und Religionen mit ihren Mythen, Opferkulten und Religionsgesetzen besaßen. Das ist nicht wiederher-

stellbar. Es gibt Entzauberungen, die bis ins Mark gehen, zumal diese Entzauberungen ihrerseits humane, zwingende Gründe für sich haben: Die Berge von Opfern sind nicht aus dem Gedächtnis zu löschen, die auch diese mythisch-religiösen Jahrhunderte für ihre Gewaltzügelung verbraucht haben.
Auch für diesen Teil der Menschheitsentwicklung gilt, daß niemand zweimal in denselben Fluß steigt. Wo es heute, insbesondere in Osteuropa, Versuche zur Wiederbelebung religiöser Bewegungen gibt, sind sie oft von lächerlicher Scharlatanerie und falscher Magie begleitet, der die spirituelle Qualität fehlt. Und wo der islamische Fundamentalismus Anhänger gewinnt, da tut er es meist nicht als Religion, die Gewalt bindet und verwandelt, sondern als politisch-messianische Heilslehre, die selbst zur Gewalt anstachelt. Es wird – mit Ausnahme von einzelnen Gruppen und asketischen Dissidentenkulturen – in Europa kein religiöses Zeitalter mehr geben.
»Kein Denksystem kann jenes Denken denken, das es zu zerstören fähig ist«, hatte René Girard gesagt. Das ist wahr und sagt doch nichts gegen das Lernen aus den »maßvollen« Katastrophen. In den alten Kultordnungen – so im Alten Testament – war immer erst die Ordnung zukunftstauglich, die nach dem Untergang des ersten Versuchs eines Sozialgefüges, nach der Sintflut, entstand. Gesucht wird also wieder einmal so etwas wie der zweite Bund, ein Regelwerk, das um das Scheitern der vorausgegangenen Ordnung weiß und durch diese Erfahrung des Verlustes klug geworden ist.
Diese zweite, erneuerte und ausschließlich vernunftgeleitete Gesellschaftsübereinkunft herzustellen, war einmal das zentrale Projekt der Aufklärung und des Humanismus. Es entstammte der Hoffnung, die gesellschaftlichen Ordnungen ließen sich mittels Gesellschaftsvertrag, Gewaltenteilung und Gewaltmonopol des Staates auf den freiwilligen Gewaltverzicht aller Bürger gründen. Das war die missionarisch vertretene Grundidee der europäischen Zivilisation und auch das Ethos der entstehenden Nationalstaaten.

Doch die Überzeugungskraft dieser These ist – nach Hitler und Stalin, aber auch nach der Unfähigkeit der westlichen Demokratien, die modernen Überlebenskrisen dauerhaft zu meistern – nachhaltig erschüttert.

Auch diese zweite Phase gesellschaftlicher Regelwerke hatte keine Dauer. Die Aufklärung über die innergesellschaftlichen Gewaltprozesse ist immer noch nicht ins Zentrum vorgedrungen. So sind auch die vielfältigen aktuellen Versuche, nach dem Zusammenbruch des Sowjetreiches mittels der Gründung neuer Nationalstaaten nach altem Muster haltbare Sozialgebilde herstellen zu wollen, zum Scheitern verurteilt. Es wird nicht gelingen.

Auf den Kalten Krieg folgte der Heiße Frieden. Sollen daraus nicht immerwährend neue Bürgerkriege und Pogrome entstehen, muß eine dritte Phase der Zivilisation versucht werden – das ist die zentrale These dieses Buches. Eine dritte Phase der Zivilisation, die den Respekt vor den früheren Menschheitskulturen der Gewaltbeherrschung wahrt und trotzdem über die Gründe ihres Untergangs weiß.

Wir haben Bausteine für einen solchen Versuch zusammengetragen, nicht mehr. Wenn das Problem überhaupt akzeptiert wird, daß es eine solche Anstrengung geben muß und daß es sich dabei vor allem um eine kulturell-zivilisatorische Aufgabe handelt – also nicht um eine Spezialaufgabe für die Politik – dann wäre schon viel erreicht. Dann kann der kreative Streit beginnen, was dazu gehört und was nicht, wo die Gefahren liegen und wo die Chancen.

Wir haben gesehen: Schon unter dem Schatten der Pax Atomica gab es ein politisches Denken, das die Grundelemente einer zivilen Friedensordnung nach der Zeit der tödlichen Blockkonfrontation vorgedacht hatte. Ganz unvorbereitet war die Welt also nicht auf die kommenden Aufgaben. Hannah Arendt hatte zwischen legitimer staatlicher Macht und der Gewalt unterschieden. René Girard entschlüsselte die Mechanismen zur beliebigen Produktion von Sündenböcken durch die eigenen mimetischen Konflikte. Mahat-

ma Gandhi hatte gezeigt, daß moralische Überlegenheit dem Gegner gegenüber durch Überwindung der eigenen Feinderklärung gewonnen werden kann, die Entspannungspolitiker entdeckten den Weg in den Kopf des Gegners als wirksames Mittel, ihn zu entwaffnen, Nelson Mandela unterbricht die Spirale der Rache durch Versöhnung mit den Weißen, den Trägern des Apartheidsystems.
Es gibt also bereits durch erfolgreiche Praxis belegte Strategien gegen die Feuer des Heißen Friedens. Was es noch nicht gibt, ist die soziale Schicht, die sich für die Entwicklung dieser neuen zivilisatorischen Codes zuständig und gleichzeitig noch für das eigene Gemeinwesen verantwortlich fühlt. Mit einem Wort: Was fehlt, sind die neuen Citoyens des neuen Europa.
Zwar gibt es in allen europäischen Industrienationen wohlhabende und gutausgebildete Schichten und Funktionseliten. Aber die Gesellschaften haben für diese nur Detailaufgaben übrig. Die Universitäten bilden massenweise und in Scharen Studentinnen und Studenten aus und beschäftigen damit ein Heer von Professoren. Aber eine wirkliche Aufgabe hatte das Europa nach dem Fall der Mauer seinen Intellektuellen nicht anzubieten. Auf die Frage: Wozu werde ich gebraucht? hört die Mehrzahl der heute Studierenden nur ein ununterscheidbares Rauschen.
Und auch umgekehrt. Auf durchaus hohem Luxussockel huldigt das Justemilieu der westlichen Funktionseliten geradezu einem Ideal von Egalität, das nur noch wenig mit der ursprünglichen Egalität der bürgerlich-humanistischen Revolution zu tun hat, die einmal die Rechtsgleichheit und gleiche Chancen für alle forderte, etwas Kreatives zu schaffen. Heute meint die Forderung nach Egalität meist die Gleichheit der Wünsche, der Mägen, der Sprachgewohnheiten und Denkfaulheiten, die Egalität des »Ich bin einer, auf den könnt Ihr auch nicht bauen.« Vielleicht ist es an der Zeit, die Frage zu stellen, ob eine so extensive Ausdehnung des Gleichheitsbegriffs wirklich im Gattungskostüm der Menschheit vorgesehen ist. Gekoppelt an das Postulat des grenzenlosen Wachstums aller

Güter und Waren wird sie immer mehr zum Moment der Naturunverträglichkeit der menschlichen Bedürfnisstrukturen. Es gibt tausend Vorwände für das Entstehen von Gewalt. Aber das Ergebnis ist immer: Gewalt.

Auf der Suche nach den Citoyens ist auch bei den Politikern Fehlanzeige, die ernsthaft meinen, auch heute noch mit Populismus leichte Erfolge feiern zu können. Dieser Populismus ist überhaupt eines der Grundübel der Epoche. Populismus verbreitet Goldgräberstimmung im Terrain des Politischen. Da ist das Denken heiß, da drängt alles auf Beschleunigung und schnelle Glücksversprechen und landet allzu schnell bei der Lynchjustiz. Populismus ist Rückfall in magisches Denken. Alle Anhänger des magischen Denkens rufen bei den geringsten Anzeichen von Chaos in ihrer kleinen Welt immer nach Kreuzigungen. Bei unverbesserlichen Populisten wird auch der moralische Appell zur Dutzendware, dabei wird nicht mehr Moral in der Politik gebraucht, sondern mehr Kompromiß. Und wenn es schon um die Moral in der Politik geht, dann um eine feindarme Moral. Aber der Webfehler des moralischen Populisten ist, daß er nicht gut ohne Feinde sein kann.

Dabei verfehlt die populistische Politikmethode gerade das eigentliche Metier der Politik: selbst eine dramatische, gewaltverarbeitende Bühne für das Wahrheitsspiel zu sein. An diese Funktion erinnert nicht nur das Arrangement – auch das Parlament ist ein öffentlicher Kreis – sondern auch eine Fülle von gladiatorischen Momenten in der parlamentarischen Inszenierung: die Konfrontation Regierung gegen Opposition, Mißtrauensvoten, Rücktrittsforderungen, pathetische Rhetorik, Pfiffe, Zwischenrufe, Applaus. In Zeiten dramatischer Veränderungen kann Politik auch zum Gewaltzentrum werden, Adresse von realen Aggressionen, wie die Attentate auf führende Politiker zeigen. Ebenso aber werden in der Sphäre des Politischen auch die großen symbolischen Friedensschlüsse vollzogen, die die innergesellschaftliche Gewalt auf erstaunliche Weise abmildern und manch-

mal sogar versöhnen können: Arafat und Rabin, Mandela und de Klerk.
Es geht wirklich um eine neue Zivilisation in Europa. Im Kalten Krieg konnte noch durch Gewalt Macht demonstriert werden. Heute ist – auch angesichts der zu erwartenden Epoche großer Völkerwanderungen, die keine stabilen Kulturen der Gastfreundschaft mehr vorfinden – der Trend zum Chaos so groß, daß nur durch die Fähigkeit, das Überleben erfolgreich zu organisieren und Gemeinschaften wiederherzustellen, dauerhaft Macht zu gewinnen ist – deswegen fürchten die Europäer den Islam. In dieser Furcht steckt selbst so etwas wie Verlustangst und Trauer, denn der Islam ist eine der letzten lebenskräftigen Religionen auf dem Globus. Kriegs- und Gewaltprävention, vorausschauende Ahnung, wozu Kränkungen eine Kultur treiben können, ist hier gefordert. Eine neue Entspannungspolitik gegenüber dem Islam heißt außenpolitisch die zentrale Aufgabe. Es geht um das Fortschreiben der alten Politik der Friedlichen Koexistenz gegenüber dem neu auftauchenden Feindbild am europäischen Horizont. Mit dem Islam muß Europa einen historischen Kompromiß suchen, der etwa so lauten könnte: Wir akzeptieren das religiöse Brausen, der Islam akzeptiert die Menschenrechte. Hier lohnt wirklich der Einsatz, wollen wir nicht sehenden Auges auf ein Jahrhundert des Terrors in unseren Metropolen zugehen.
Der Trend zum Populismus hat nicht zuletzt mit der gewachsenen Macht der Medien zu tun, über die es nirgendwo ein größeres Tal der Ahnungslosen gibt als unter den Protagonisten der Medien selbst. Der Königsweg aber zu dieser neuen Citoyenkultur führt geradewegs durch dieses Tal hindurch, und noch ist nicht ausgemacht, ob es genügend Journalistinnen und Journalisten gibt, die das erkennen und auch genügend Zivilcourage gegenüber ihrer eigenen Zunft aufbringen. So wie noch nicht ausgemacht ist, ob sich die Intellektuellen für die Rolle der kulturellen Bombenentschärfer als vorrangige Aufgabe in einer unruhigen und auf aggres-

sive Entladungen hin orientierten Zeit entscheiden werden. Von diesen Journalisten und Intellektuellen aber wird es abhängen, wie leicht die Pogrome neu zu entfachen sind an den vielfachen ethnischen und kulturellen Grenzen des heutigen Europa.
Das ist Gefahrenabwehr und intellektuelle Schwerstarbeit. Es gibt keine größere Einsamkeit als die der Sündenböcke. Der Kreis, in den sie schon hineingezogen wurden, darf sich nicht schließen, das Zittern bei den Verfolgern, daß es sich doch um einen tödlichen Irrtum handeln könne, muß verstärkt werden. Sobald erst einmal eine einmütige mörderische Menge da ist, die den Kreis geschlossen hat, liegt alle Entscheidung bei ihr.
»Blind ist, wer ohne die Musen, mit Verstandeskräften allein den Weg sucht«, hatte einmal der griechische Dichter Pindar geschrieben. Das klingt altmodisch und von weither. Und doch ist es ziemlich erstaunlich, wie instinktsicher die griechische Kultur für Zeiten des Heißen Friedens alles Wesentliche – und noch dazu in vollkommener Form – geschaffen hatte.
Die Agora – das ist der Platz der Citoyens, der Öffentlichkeit und des Parlamentes. Die Philosophenschule – das ist die Universität und der Raum, wo die Intellektuellen freies Denken und die Kunst lernen, Dämonen zu entzaubern. Die Olympischen Spiele – sie sind die neue Arena, das durch Spiel, Wettkampfregeln, Spaß gezähmte Pogrom. Die Mythen, das Theater und die dionysischen Gesänge – das sind die Medien und der Ort der Umwandlung von Angst und Aggressivität in Trauer, Melancholie, Rausch und Blues.
Und doch steht Pharmakos, der auf Staatskosten alimentierte Sündenbock, bereit, um einer lynchbereiten Masse vorgeworfen zu werden, damit die Ordnung der Stadt gewahrt bleibt – das ist und bleibt der Ernstfall. Und manchmal trifft es einen Sokrates oder den fremden Sänger: Orpheus.
Make Love – not war! So etwas passiert immer noch. Der Vietnamkrieg wurde trotz aller Dementis doch auf den Feldern von Woodstock verloren. Es wäre doch merkwürdig, wenn diesen erprobten

Deserteuren, den Künstlern, Musikern, Dichtern, die mit keiner Feinderklärung mehr zu dämonisieren waren, nicht auch ein wirksamer Gesang einfallen würde, der den Heißen Frieden abzukühlen imstande wäre. Ersatzschlachten und Ersatzgesänge im Feuilleton haben wir nun genug erlebt.

Hätte mich nicht Wolf Lepenies für das Jahr 1993/94 ins Wissenschaftskolleg Berlin eingeladen und hätte ich dort nicht Zeit gehabt, u. a. mit Katharina und Hans Magnus Enzensberger, Bob Darnton, György Kourtag, Ashok Desai, Paul Zanker zu reden, ich hätte dies Buch nie angefangen. Und ohne die Ermutigung und den Rat von Bernd Ulrich, Matthias Geis, Tom Koenigs, meines Lektors Helge Malchow, und schließlich die Geduld meines Sohnes hätte ich es sicher nicht beendet.

Antje Vollmer

Anmerkungen

1 Rosa Luxemburg: *Die Krise der Sozialdemokratie* (Juniusbroschüre), Berlin 1916, S. 2
2 Hans Magnus Enzensberger: *Aussichten auf den Bürgerkrieg*. Frankfurt a. M. 1993, S. 51f.
3 Frantz Fanon: *Die Verdammten dieser Erde*. Vorwort: J. P. Sartre, Frankfurt a. M. 1981, S. 19f.
4 Norbert Elias: *Über den Prozeß der Zivilisation*, Band I, S. 269
5 zitiert nach Girard, *Ausstoßung und Verfolgung. Eine historische Theorie des Sündenbocks*, Frankfurt a. M. 1992, S. 24
6 zum folgenden vergl. René Girard: *Das Heilige und die Gewalt*, Frankfurt a. M. 1992 und René Girard: *Ausstoßung und Verfolgung. Eine historische Theorie des Sündenbocks*, Frankfurt a. M. 1992
7 René Girard: *Das Heilige und die Gewalt*, S. 320f.
8 ebenda, S. 320
9 Heinrich Popitz: *Phänomene der Macht*, 2. Auflage, Tübingen 1993, S. 246ff.
10 Girard: *Ausstoßung und Verfolgung*, S. 169
11 vgl. Paul Zanker: *Der Feind im Kopf und die Wiederherstellung der Ordnung in der Arena*, unveröffentlichtes Manuskript 1994; Manfred Fuhrmann: *Rom in der Spätantike*, München, Zürich 1994
12 Wolfgang Tarnowski: *Gladiatoren*, Nürnberg 1987, S. 2
13 Girard, *Das Heilige und die Gewalt*, S. 21
14 Joachim Baetkius: *Das Ende Germaniens*. In: G. Guggenbühl: Quellen Bd. 3, S. 162
15 Girard, *Ausstoßung und Verfolgung*, S. 187
16 vgl.: Norbert Elias: *Über den Prozeß der Zivilisation*, Bde. 1 und 2, Frankfurt a. M. 1976; Franz Wieacker: *Privatrechtsgeschichte der Neuzeit*, 2. Auflage Göttingen 1967; Paul Koschake: *Europa und das römische Recht*, 2. Auflage München, Berlin 1953
17 vgl. Norbert Elias: *Über den Prozeß der Zivilisation*, Bde. 1 und 2, 2. Auflage, Frankfurt a. M. 1969; Hans Peter Dürr: *Traumzeit. Über die Grenze zwischen Wildnis und Zivilisation*, Frankfurt a. M. 1985; Alice Miller: *Am Anfang war Erziehung*, Frankfurt a. M. 1980 u. a.
18 Norbert Elias, Bd. 1, S. IX
19 a.a.O. S. LXXIV
21 vgl. Günther Anders: *Die Antiquiertheit des Menschen*, Bde. 1 und 2, München 1987; Hannah Arendt: *Elemente und Ursprünge totaler Herrschaft*, 3. Auflage München, Zürich 1993; E. W. Boeckenförde: *Staat, Gesellschaft, Freiheit*, Frankfurt a. M. 1976
22 Hannah Arendt: *Macht und Gewalt*, 8. Auflage München, Zürich, 1993
23 Hannah Arendt: *Macht und Gewalt*, S. 36
24 ebenda, S. 12 und 13

25 ebenda, S. 19
26 ebenda, S. 53
27 ebenda, S. 54
28 ebenda, S. 55
29 ebenda, S. 57
30 ebenda, S. 14
31 vgl. Girard, *Das Heilige und die Gewalt*, Frankfurt a. M. 1992; derselbe: *Ausstoßung und Verfolgung. Eine historische Theorie des Sündenbocks*, Frankfurt a. M. 1992
32 *Das Heilige und die Gewalt*, S. 18
33 ebenda, S. 320
34 ebenda, S. 329f.
35 vgl. Mahatma Gandhis Autobiographie: *Die Geschichte meiner Experimente mit der Wahrheit*, Freiburg, München 1989; Heimo Rau: *Mahatma Gandhi*, Reinbek, 1991
36 zitiert nach Rau, S. 32f.
37 zitiert nach Rau, S. 91.
38 zitiert nach Rau, S. 84
39 zitiert nach Rau, S. 58
40 *Prozeß der Zivilisation* II, S. 422 und 423
41 ebenda, S. 427
42 Alle Zitate aus den Studien zum Schlußteil (128) aus: *Der Mann ohne Eigenschaften*, Hamburg 1965, S. 1571ff.
43 s. taz-Interview: Berlin-Belgrad-Zagreb vom 14. 12. 1993
44 Hannah Arendt: *Macht und Gewalt*, S. 113

Literaturverzeichnis

Anders, Günther. *Die Antiquiertheit des Menschen*. Bde. 1 und 2, München 1987.
Arendt, Hannah. *Elemente und Ursprünge totaler Herrschaft*. München, Zürich, 3. Auflage 1993.
Arendt, Hannah. *Macht und Gewalt*. München, Zürich, 8. Auflage 1993.
Baetkius, Joachim. *Das Ende Germaniens*. In: G. Guggenbühl. *Quellen zur Allgemeinen Geschichte*. Zürich 1976.
Beck, Reinhart. *Sachwörterbuch der Politik*. Stuttgart 1986.
Boeckenförde, E. W., *Staat, Gesellschaft, Freiheit, Frankfurt a. M. 1976.*
Brunner, von; Conze; Kosellek, Hgs. *Geschichtliche Grundbegriffe: Historisches Lexikon zur politisch-sozialen Sprache in Deutschland*. Bd. 2: Gewaltenteilung. 1992.
Canetti, Elias. *Masse und Macht*. Frankfurt a. M. 1990.
Dürr, Hans-Peter. *Traumzeit: Über die Grenze zwischen Wildnis und Zivilisation*. Frankfurt a. M. 1985.
Elias, Norbert. *Über den Prozeß der Zivilisation*. Bde. 1 und 2, 2. Auflage Frankfurt a. M. 1969 bzw. Tb.-Auflage Frankfurt a. M. 1976.
Enzensberger, Hans Magnus. *Aussichten auf den Bürgerkrieg*. Frankfurt a. M. 1993.
Fanon, Frantz. *Die Verdammten dieser Erde*. Vorwort: J. P. Sartre. Frankfurt a. M. 1981.
Fuhrmann, Manfred. *Rom in der Spätantike*. München, Zürich 1994.
Gandhi, Mahatma, *Autobiographie: Die Geschichte meiner Experimente mit der Wahrheit*. Freiburg, München 1989.
Girard, René. *Ausstoßung und Verfolgung: Eine historische Theorie des Sündenbocks*. Frankfurt a. M. 1992.
Girard, René. *Das Heilige und die Gewalt*. Frankfurt a. M. 1992.
Koschake, Paul. *Europa und das Römische Recht*. München, Berlin 1953.
Luxemburg, Rosa. *Die Krise der Sozialdemokratie*. (Juniusbroschüre). Berlin 1916.
Miller, Alice. *Am Anfang war Erziehung*. Frankfurt a. M. 1980.
Moore, Barrington. *Zur Geschichte der politischen Gewalt. 3 Studien*, Suhrkamp. Frankfurt a. M. 1966.
Papcke, Sven. *Progressive Gewalt: Studien zum sozialen Widerstandsrecht*. Frankfurt a. M. 1937.
Popitz, Heinrich. *Phänomene der Macht*, 2. Auflage, Tübingen 1992.
Rutschky, Katharina, Hg. *Schwarze Pädagogik*, Berlin, Wien 1977. Staatslexikon. Bd. 1, Freiburg 1959, Bd. 2, 1989.
Klaus Theweleit. *Männerphantasien*. Frankfurt a. Main 1986.
Klaus Theweleit. *Das Buch der Könige*. Bd. I. Frankfurt a. Main 1988.
Klaus Theweleit. *Das Buch der Könige*. Bd. II. Frankfurt a. Main 1994.
Tarnowski, Wolfgang. *Gladiatoren*, Nürnberg 1987.
Weber, Max. *Politik als Beruf*. Aus Max Weber Gesamtausgabe, Bd. 17, Tübingen 1992.
Werner, Oskar. *Zur Entstehung, Wandlung und Problematik des Gewaltenteilungsprinzips*. Diss. Kaegi, Zürich 1937.
Wesel, Uwe. *Frühformen des Rechts in vorstaatlichen Gesellschaften*. Frankfurt a. M. 1985.
Wieacker, Franz. *Privatrechtsgeschichte der Neuzeit*. 2. Auflage, Göttingen 1967.